Moustafa Al-Hajj

Sémantique des liens hypertextes

Moustafa Al-Hajj

Sémantique des liens hypertextes

Formalisation et extraction

Presses Académiques Francophones

Impressum / Mentions légales

Bibliografische Information der Deutschen Nationalbibliothek: Die Deutsche Nationalbibliothek verzeichnet diese Publikation in der Deutschen Nationalbibliografie; detaillierte bibliografische Daten sind im Internet über http://dnb.d-nb.de abrufbar.
Alle in diesem Buch genannten Marken und Produktnamen unterliegen warenzeichen-, marken- oder patentrechtlichem Schutz bzw. sind Warenzeichen oder eingetragene Warenzeichen der jeweiligen Inhaber. Die Wiedergabe von Marken, Produktnamen, Gebrauchsnamen, Handelsnamen, Warenbezeichnungen u.s.w. in diesem Werk berechtigt auch ohne besondere Kennzeichnung nicht zu der Annahme, dass solche Namen im Sinne der Warenzeichen- und Markenschutzgesetzgebung als frei zu betrachten wären und daher von jedermann benutzt werden dürften.

Information bibliographique publiée par la Deutsche Nationalbibliothek: La Deutsche Nationalbibliothek inscrit cette publication à la Deutsche Nationalbibliografie; des données bibliographiques détaillées sont disponibles sur internet à l'adresse http://dnb.d-nb.de.
Toutes marques et noms de produits mentionnés dans ce livre demeurent sous la protection des marques, des marques déposées et des brevets, et sont des marques ou des marques déposées de leurs détenteurs respectifs. L'utilisation des marques, noms de produits, noms communs, noms commerciaux, descriptions de produits, etc, même sans qu'ils soient mentionnés de façon particulière dans ce livre ne signifie en aucune façon que ces noms peuvent être utilisés sans restriction à l'égard de la législation pour la protection des marques et des marques déposées et pourraient donc être utilisés par quiconque.

Coverbild / Photo de couverture: www.ingimage.com

Verlag / Editeur:
Presses Académiques Francophones
ist ein Imprint der / est une marque déposée de
OmniScriptum GmbH & Co. KG
Heinrich-Böcking-Str. 6-8, 66121 Saarbrücken, Deutschland / Allemagne
Email: info@presses-academiques.com

Herstellung: siehe letzte Seite /
Impression: voir la dernière page
ISBN: 978-3-8381-7612-3

Table des matières

Introduction   **1**

1   Intérêt de l'étude de la sémantique des liens hypertextes   7

  1.1   Histoire de l'écriture   7

  1.2   L'hypertexte : histoire et définitions   10

      1.2.1   Documents   13

      1.2.2   Nœud et lien   16

      1.2.3   Contextes appelant et contexte appelé   19

      1.2.4   Discussion   21

  1.3   Les liens en recherche d'information   22

      1.3.1   Stratégies d'utilisation pour estimer l'importance des documents   23

          1.3.1.1   Web Impact Factor (WIF) ou Facteur d'Impact du web   23

          1.3.1.2   Indice Page Rank   25

          1.3.1.3   Algorithme de Kleinberg   26

      1.3.2   Stratégies d'utilisation pour créer de nouveaux liens entre les documents   27

      1.3.3   Place de la sémantique des liens   29

  1.4   Recherche d'information par navigation   30

      1.4.1   Problèmes posés par les liens pour les lecteurs . . .   30

      1.4.2   Élements pouvant aider à la navigation   31

          1.4.2.1   Types des liens   32

i

1.4.2.2   Intérêts de types de liens pour la navigation   **38**

1.4.2.3   Automatisation de l'extraction de types des liens **38**

1.4.3   Les assistants à la navigation sur le web **48**

1.5   Sémantique des liens hypertextes **50**

2   Extraction et représentation des connaissances   57

2.1   Méthodes de représentations et manipulations **58**

2.1.1   Les possibilités de représentation de la sémantique des liens dans les langages HTML et XML **58**

2.1.1.1   Liens simples inclus **59**

2.1.1.2   Liens étendus **61**

2.1.2   Qu'est ce qu'une ontologie **62**

2.1.3   Représentation des connaissances sur le web **64**

2.2   Treillis de Galois **69**

2.2.1   Treillis de Galois : une représentation de connaissances **70**

2.2.2   Apprentissage **71**

2.2.2.1   Quelques méthodes de discrétisation . . .   **73**

2.2.2.2   Construction du treillis de Galois selon le système GALOIS **76**

2.2.3   Techniques de classification basées sur les treillis de Galois **80**

2.2.3.1   Technique de classification basée sur l'exploration du treillis **81**

2.2.3.2   Technique de classification basée sur la recherche du plus petit concept contenant l'objet à classer **83**

2.3   Méthode des k-plus proches voisins **84**

2.4   Le modèle TFIDF **85**

2.4.1   TF **85**

2.4.2   IDF **86**

2.5   Caractérisation des pages basée sur les contextes des pages 86

3   Caractérisation des hyperliens à partir de leurs contextes 91

3.1   Constitution du corpus   92

3.1.1   Critères de sélection   92

3.1.1.1   Sujet, langue et type de mise en page des
documents   92

3.1.1.2   Variétés des auteurs et de serveurs de documents   93

3.1.1.3   Liens natifs et répondant à des besoins
variés   93

3.1.1.4   Variété des formes littéraires des contextes
des liens et des contextes appelés par les
liens   97

3.1.2   Méthode de construction et traitements préliminaires 98

3.1.3   Caractéristiques du corpus   99

3.2   Formalisation de la sémantique des liens hypertextes . . .   99

3.2.1   Synthèse formelle de la sémantique des contextes
appelants et appelés 101

3.2.1.1   Exemple 1 101

3.2.1.2   Exemple 2 101

3.2.2   Relation sémantique entre le contexte du lien et le
contexte appelé par le lien 102

3.3   Construction d'une ontologie pour les liens hypertextes du
domaine du corpus 104

3.4   Représentation de la sémantique de liens hypertextes par
RDF 107

3.4.1   Exemple 1 108

3.4.2   Exemple 2 112

3.5   Place de la sémantique des liens dans le web sémantique . 117

4   Aide à l'extraction de la sémantique formelle   119

4.1 Caractérisation des contextes à partir de leurs formes littéraires 120

    4.1.1 Segmentation des contextes appelants et appelés . 120

    4.1.2 Sélection / simplification des formes littéraires utilisées 123

    4.1.3 Caractéristiques de description des contextes . . . 124

    4.1.4 Les bases d'apprentissage et de test 125

    4.1.5 Classification avec les treillis de Galois 126

    4.1.6 Classification avec k-ppv et arbres de décision . . . 128

    4.1.7 Discussion 129

4.2 Caractérisation des contextes par des mots clés 131

    4.2.1 Indice de Jaccard 131

    4.2.2 Mesure de cosinus 132

    4.2.3 Résultats expérimentaux 132

    4.2.4 Discussion 136

Conclusion et perspectives   **137**

Bibliographie   **139**

A Classification basée sur les treillis de Galois   **155**

B Formes littéraires des contextes   **161**

C Ontologie des biographies de personnages célèbres   **165**

Liste des tableaux

1.1   *Pourcentage de liens de référence dans les collections du laboratoire CLIPS* 28

3.1   *Exemples de relations sémantiques des liens du corpus* . . 95

3.2   *Caractéristiques générales du corpus* 100

3.3   *Les triplets RDF dans le format N-Triplets formalisant la sémantique du lien z* 109

3.4   *Les triplets RDF dans le format N-Triplets formalisant la sémantique du lien y* 115

4.1   *Les caractéristiques prises sur les contextes* 125

4.2   *Deux lignes de la matrice contextes / caractéristiques* . . 125

4.3   *Effectifs des classes* 126

4.4   *Résultats de classification obtenus avec les treillis de Galois* 128

4.5   *Résultats de classification obtenus avec les k-ppv et les arbres de décision* 129

4.6   *Échantillon de pages web pour appliquer les méthodes de caractérisation de pages web par des mots clés* 133

4.7   *Comparaison des résultats des méthodes de caractérisation, chaque valeur représente l'indice de similarité de Jaccard ou de cosinus multiplié par 100.* 135

C.1   *Relations non taxinomiques entre les concepts de l'ontologie* 175

Table des figures

1.1   *Exemple de nœuds hypertextes connectés par des liens* . . 11

1.2   *Nœud référence du lien entouré, nœud référencé du lien, contexte appelant du lien et contexte appelé par le lien (URL de la page de gauche : « http ://www. denistouret.net/constit/ »).* 17

1.3   *Nœud référence des deux liens entourés et les nœuds référencés par ces liens (URL de la page : « http ://perso.orange.fr/sos.philosophie/descarte.htm »).* 18

1.4   *Les contextes appelants des deux liens entourés et les contextes appelés par ces deux liens (URL de la page de gauche : « http ://www.denistouret.net/constit/ »* 20

1.5   *Nœud référence des deux liens entourés, les nœuds référencés par ces liens, le contexte appelant des deux liens et les contextes appelé par les deux liens (URL de la page de gauche : « http ://www.denistouret.net/constit/chap2.html »)* 22

1.6   *Lien de texte d'ancre « pamphlets » (gauche) et la cible (droite)* 31

1.7   *Le lien entouré de la page de gauche est de type support* . 39

1.8   *Contexte appelant du lien entouré (page en haut) et contexte appelé par le lien entouré (page en bas)* 51

1.9   *Contexte appelant du lien entouré (page de gauche) et contexte appelé par le lien entouré (page de droite)* 54

2.1   Un exemple d'annotation RDF : syntaxe graphique et sé-
      rialisation XML   66
2.2   Le schéma RDFS   67
2.3   Les couches du web sémantique   69
2.4   Un contexte et son treillis des concepts   72
2.5   Les trois premières étapes de construction du treillis de
      Galois par l'algorithme de Carpineto et Romano   80

3.1   Contexte appelant et contexte appelé du lien x   96
3.2   Identification d'un lien et de sa cible   99
3.3   Le code RDF de la sémantique du lien z   110
3.4   Une représentation graphique du modèle RDF   111
3.5   Contexte appelant du lien y (calvinistes) et contexte appelé
      par y   112
3.6   Une représentation graphique du modèle RDF   114
3.7   Le code RDF de la sémantique du lien y   116

B.1   Contexte de forme littéraire sommaire   161
B.2   Contexte de forme littéraire récit   162
B.3   Trois contextes de forme littéraire note(séparés par des
      lignes)   162
B.4   Contextes de forme littéraire illustration   163
B.5   Contextes de forme littéraire liste   163

C.1   Les concepts de haut niveau de la taxinomie des concepts
      (à gauche) et le début de la taxinomie des concepts (à droite)168
C.2   Suite 1 de la taxinomie des concepts   169
C.3   Suite 2 de la taxinomie des concepts   170
C.4   Suite 3 de la taxinomie des concepts   171
C.5   Suite 4 de la taxinomie des concepts   172
C.6   Suite 5 de la taxinomie des concepts   173
C.7   Suite 6 de la taxinomie des concepts   174

Introduction

Les auteurs qui publient sur le web des connaissances, qu'elles soient de nature culturelle, scientifique ou technique, sous la forme de documents électroniques lisibles sur un écran utilisent la technologie des liens hypertextes, pour rendre leurs sites plus attractifs et faciles à lire et pour les enrichir par des informations provenant d'autres sites. Cependant, ces mêmes liens entraînent des difficultés pour les lecteurs telles que la désorientation ainsi que pour les moteurs de recherche comme l'estimation automatique de l'autorité des documents ciblés par les liens.

Les liens hypertextes sont porteurs d'information sémantique qui, si elle était complètement formalisée, serait exploitable par des programmes pour améliorer la navigation et la recherche d'information, or cela n'est pas le cas actuellement. Cela est principalement dû (1) à l'utilisation massive du langage HTML sur le web dans lequel la possibilité d'expliciter formellement la sémantique des liens est très limitée, (2) à la faible utilisation du langage XML et de ses dérivés notamment les liens XML ou XLink qui, depuis leur apparition, permettent une certaine explicitation formelle de la sémantique des liens notamment à travers les attributs sémantiques et (3) à la surcharge de travail que demanderait cette explicitation formelle de la part des auteurs. L'utilisation de l'information sémantique formelle portée par les liens peut à la fois être au service des lecteurs et des moteurs de recherche du web actuel et ceux du web sémantique (la nouvelle génération du web). Pour les lecteurs, cette information sémantique devrait les aider à mieux cibler l'information et à naviguer plus facilement. Pour les moteurs de recherche actuels elle

1

devrait permettre la distinction entre les types de liens, ce qui permet de faire face aux liens bruités qui nuisent à la pertinence de l'autorité et de la popularité des pages. Pour les moteurs de recherche du web sémantique elle devrait participer à l'amélioration de la qualité des réponses aux requêtes. En outre, elle devrait faciliter l'émergence du web sémantique parce que nous faisons l'hypothèse qu'elle est facile à extraire.

Dans cette thèse, nous proposons une méthodologie originale de formalisation de la sémantique des liens hypertextes. Avant d'expliquer en quoi elle consiste, nous donnons ici la définition de deux concepts qui seront le support de l'analyse de la sémantique des liens.

Etant donné un lien, nous appelons contexte appelant du lien, l'ensemble minimal de multimédia autour du lien qui fournit une information suffisante pour comprendre le rapport du contexte avec la cible. De même, nous appelons contexte appelé par le lien, l'ensemble minimal de multimédia qui suit la cible du lien et qui fournit une information suffisante pour comprendre le rapport du contexte avec le contexte appelant du lien.

La méthode de formalisation de la sémantique du lien consiste à synthétiser la sémantique du contexte appelant du lien, celle du contexte appelé par le lien et à trouver la ou les relations sémantiques entre les deux contextes qui justifient la pose du lien dans son contexte appelant. Nous nous intéressons plus particulièrement à expliciter la ou les relations sémantiques entre les contextes reliés par des liens natifs (posés par les auteurs pour répondre aux besoins).

Pour vérifier la validité de la méthode proposée, nous avons dans un premier temps constitué un corpus. La constitution consistait à sélectionner un sous-ensemble du web, regroupant des pages de nature culturelle. Le thème retenu est la biographie de personnages célèbres. Nous avons constitué alors un échantillon de documents représentatifs. Ensuite nous avons utilisé notre méthode pour formaliser la sémantique des liens hypertextes du corpus.

Une ontologie pour les liens spécifiques au domaine des biographies de personnages célèbres a été constituée à partir de la sémantique extraite des liens.

Ensuite, pour être à l'échelle du web sémantique, nous avons utilisé le modèle RDFS pour représenter l'ontologie et RDF pour représenter la sémantique formelle des liens. Nous démontrons que les attributs des XLink ne sont pas suffisants pour représenter toute la sémantique que l'on veut formaliser sur les liens, notamment parce qu'ils ne permettent pas de représenter les relations sémantiques entre les contextes qui justifient la présence du lien, alors que RDF le permet. En effet, RDF permet d'utiliser des triplets (ressource, propriété, valeur) pour décrire les contextes, ensuite les relations sémantiques entre les contextes peuvent être décrites en utilisant des triplets comme (valeur d'une propriété du contexte appelant du lien, la relation sémantique, valeur d'une propriété du contexte appelé par le lien).

Dans un projet d'automatisation d'extraction formelle de la sémantique, nous avons effectué des expérimentations sur l'extraction des formes littéraires des contextes appelés par les liens, et d'autres sur l'extraction des mots clés sur les contextes. Les premières ont été réalisées avec des outils de reconnaissance de formes comme les treillis de Galois, arbres de décisions et K-PPV. Les dernières ont été réalisées avec trois types d'approches ; approche se basant sur le contenu des contextes, approche se basant sur le contenu des pages pointant vers les contextes et approche combinant les deux premières approches.

Pour résumer, les principales contributions de notre recherche sont :

- La proposition d'une méthode de formalisation de la sémantique de liens hypertextes, et la représentation de cette sémantique formelle en RDF.
- La création d'une ontologie pour les liens hypertextes spécifique au domaine des biographies de personnages célèbres et sa représentation en RDFS. Cette ontologie est constituée de concepts extraits

3

à partir de la synthèse formelle des contextes appelants et appelés, des relations hiérarchiques que ces concepts entretiennent et des relations entre concepts qui justifient la création des liens.

- La caractérisation des contextes appelants et appelés par :
  - leurs formes littéraires en utilisant des outils de reconnaissance de formes.
  - des mots clés en utilisant trois approches.

Plan de l'ouvrage

Dans le premier chapitre, nous faisons d'abord une étude de l'évolution de l'écriture à partir du papyrus jusqu'à l'hypertexte. Nous donnons des définitions des composants de l'hypertexte. Ensuite, nous présentons les principaux travaux dans la littérature qui utilisent les liens pour la recherche d'information et pour la navigation, et la place de la sémantique des liens dans ces travaux. Nous montrons à la fin du chapitre l'insuffisance de la sémantique des liens tel que défini dans la littérature et notre proposition de sémantique des liens hypertextes.

Dans le deuxième chapitre, nous présentons les outils et méthodes utilisés pour la représentation des connaissances et pour l'aide à l'extraction formelle de la sémantique des liens. Nous présentons d'abord les XLink et notamment leurs attributs sémantiques. Nous définissons ensuite les ontologies et quelques modèles de représentation de connaissances sur le web comme : RDF, RDFS, OIL, DAML, OWL ... Ensuite, nous présentons les treillis de Galois avec quelques méthodes de classification basées sur les treillis de Galois, puis nous présentons la méthode des k-plus proches voisins. Enfin, nous présentons des méthodes de caractérisation des pages web par des mots clés en se basant sur le contenu textuel des pages et sur le contenu textuel des pages web qui pointent vers elles.

Dans le troisième chapitre, nous mettons en place une méthode originale de formalisation de la sémantique de liens hypertextes. Nous présentons d'abord la méthode de construction du corpus qui va servir comme base de test, ensuite la méthode de formalisation est présentée avec des exemples. L'extraction de la sémantique formelle donne lieu à une ontologie. Nous présentons une méthode de construction de l'ontologie, ensuite l'ontologie construite est présentée. Nous présentons enfin quelques exemples de représentation de la sémantique des liens par RDF, avant de terminer par la présentation de l'intérêt de l'extraction et de la formalisation de cette sémantique pour le web sémantique.

Le chapitre quatre aborde l'automatisation de l'extraction de la sémantique formelle. Pour automatiser cette extraction, il faudra reconnaître automatiquement les éléments suivants : les formes littéraires des contextes appelants et appelés, les mots clés sur les contextes et les relations sémantiques. Nous proposons dans ce chapitre une caractérisation des contextes appelés par les liens à partir de leurs formes littéraires, ensuite une caractérisation des contextes appelants et appelés par des mots clés. Nous concluons à la fin nous présentons aussi les perspectives de ce travail.

Chapitre 1

Intérêt de l'étude de la sémantique des liens hypertextes

Dans ce chapitre, nous faisons d'abord une étude de l'évolution de l'écriture à partir du papyrus jusqu'à l'hypertexte. Nous donnons des définitions des composants de l'hypertexte. Ensuite, nous présentons les principaux travaux dans la littérature qui utilisent les liens pour la recherche d'information et pour la navigation, et la place de la sémantique des liens dans ces travaux. Nous montrons à la fin du chapitre l'insuffisance de la sémantique des liens tel que défini dans la littérature puis nous avançons notre proposition de la sémantique des liens.

1.1 Histoire de l'écriture

Cette section décrit brièvement l'histoire de l'écriture jusqu'à la révolution de l'écriture électronique.

Dans son ouvrage « Du papyrus à l'Hypertexte » [Vandendorpe. 1999], Vandendorpe rappelle les différente formes que l'écrit a pris depuis quelques millénaires.

L'évolution de la technologie liée au texte fut très lente : les premiers écrits remontent à 6000 ans avec les sumériens alors que l'invention de la presse à imprimer ne remonte qu'à moins de 600 ans. Les supports du texte ont évolué au fur et à mesure : ardoises, os, cuirs, métaux, tablettes d'argile et de cire, rouleaux de papyrus, codex de parchemins et livres [Teasdale. 1995]. Ce n'est qu'aux environs du XIIe siècle, selon les historiens de la lecture, que les livres seront véritablement conçus en vue d'une lecture silencieuse. Il aura fallu pour cela que l'on mette en place diverses innovations d'ordre tabulaire propres au codex et, surtout, que l'on renonce à l'écriture continue des romains pour introduire une séparation entre les mots, opération qui apparaît vers le VIIe siècle mais qui ne deviendra vraiment courante qu'au XIe siècle.

Les ouvrages à large marge sont apparus au XVIIIe siècle.

Le recours à l'alinéa ou à des guillemets se fait dans les éditions récentes de textes datant du XVIIe ou du XVIIIe siècle, ce qui a amélioré la lisibilité et la présentation des dialogues.

Sur la feuille de papyrus, qui était en usage depuis 3000 A.D., le scribe aligne les colonnes de texte en parallèle jusqu'à ce qu'il soit arrivé à la fin du texte. Le papyrus a fait le livre pendant trois millénaires. Cependant le fait qu'il soit enroulé sur lui-même en un *volumen* a imposé des limitations à l'expansion de l'écrit. Le lecteur lisait de la première à la dernière ligne et il n'avait pas d'autre choix que de s'immerger dans la lecture du texte déroulant le *volumen* tout comme le conteur dévide son histoire, selon un ordre rigoureusement linéaire et continu.

Le codex est apparu quelques dizaines d'années avant notre ère dans la Rome classique à l'époque d'Horace, qui s'en servait d'ailleurs comme d'un carnet de notes. Plus petit et plus maniable que le rouleau, le codex permet aussi au scribe d'écrire des deux cotés, voire de gratter la surface pour récrire par-dessus. La passage du rouleau au codex ne sera vraiment effectué dans l'empire romain qu'au IVe siècle.

L'élément nouveau que le codex a introduit est la notion de page. Ce qui permettra au texte d'échapper à la continuité et à la linéarité du rouleau : elle le fera entrer dans l'ordre de la tabularité.

Désormais, il est possible de feuilleter un livre et d'en appréhender rapidement le contenu, au moins pour l'essentiel. La page va dès lors être travaillée de plus en plus comme un tableau et s'enrichir d'enluminures, chose profondément étrangère au rouleau de papyrus.

Entre le XIe et le XIIIe siècle sont apparues bon nombre des pratiques qui permettent au lecteur d'échapper à la linéarité originelle de la parole, grâce notamment à la table des matières (XIIe siecle), à l'index et au titre courant. La marque de paragraphe a facilité la gestion des unités de sens. Elle est déjà conceptualisée dans les manuscrits du XIe siècle sous la forme d'un signe particulier et s'est traduit finalement par un alinéa. [Mary et Rouse, 1989] précisent que « les innovations dans la présentation des pages manuscrites sont certainement les auxiliaires les plus utiles de l'étude au XIe siècle : titres courants, têtes de chapitres en rouge, initiales alternativement rouges et bleues, initiales de tailles différentes, indications des paragraphes, renvois, noms des auteurs cités [...] Leur emploi était devenu la norme aux environs de 1220 [...].

Au XVe siècle est apparue la révolution de l'imprimerie. [Febvre et Martin, 1958] notent ainsi que la page de titre fait son apparition vers 1480.

[Hamman, 1985] précise que « les premiers livres ne connaissaient ni foliotation ni pagination. [...] Pour guider l'usager, à la fin de chaque page se lit le premier mot de la page suivante. Il faudra attendre la seconde moitié du XVIe siècle pour que, sous l'impulsion des imprimeurs-humanistes, la pagination devienne chose courante ».

Les aides à la lecture telles que les repères typographiques (le gras, les capitales, l'italique ou la couleur) se sont raffinées lentement, dans un processus qui a culminé au XIXe siècle [Martin, 1988].

Avec l'apparition du journal et de la presse à grand tirage, qui prend son essor au XIXe siècle, la lecture se tabularise encore davantage. Le texte échappe alors radicalement à la linéarité originelle de la parole pour se présenter sous la forme de blocs visuels qui se répondent et se complètent sur la surface de la page.

A partir des années 1965 est apparu l'écriture sur écran avec la technologie de l'hypertexte. La section suivante décrit l'histoire de l'hypertexte et définit ses composants.

1.2   L'hypertexte : histoire et définitions

Les systèmes hypertextes [1] apparaissent comme une nouvelle famille de systèmes de gestion de l'information complexe. Ces systèmes permettent aux auteurs de créer, d'annoter, de lier et de partager des informations de différents médias tels que textes, graphiques, sons, images fixes ou animées... Les systèmes hypertextes fournissent une méthode non-séquentielle d'accès à l'information à la différence des systèmes d'information traditionnels qui offrent principalement un accès séquentiel à l'information. Ils fournissent un accès flexible à l'information en incorporant les notions de navigation, d'annotation et de présentation ajustée [Bieber, 1993].

L'hypertexte a été défini comme une approche pour la gestion de l'information dans laquelle les données sont stockées dans un réseau de nœuds [2] connectés par des liens (figure 1.1). Les nœuds peuvent contenir du texte, mais aussi des graphiques et d'autres formes de données [Smith et Weiss, 1988]. Si on ajoute des graphiques, des sons, des séquences d'animation, on ne parle plus d'hypertexte mais d'hypermédia. La promesse de l'hypermédia réside dans sa capacité de produire des

---

1. Une liste non exhaustive des principaux systèmes : Memex, NLS, Xanadu, Intermedia, NotesCards, KMS, Hyperties, Guide, Textnet, WE et WWW

2. La question du nœud est débattu dans le §1.2.2

corpus d'information grands, complexes et bien connectés. Un hyperlien peut être un lien hypertexte ou un lien hypermédia.

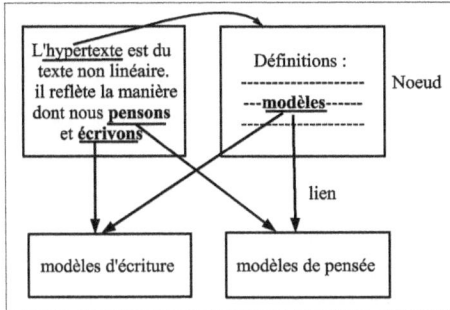

FIGURE 1.1 – *Exemple de nœuds hypertextes connectés par des liens*

L'essentielle particularité de l'hypertexte est le concept de liens supportés par la machine. C'est cette capacité de liaison qui permet une organisation non-linéaire de l'information. Et, grâce à elle, les utilisateurs des systèmes hypertextes ont la possibilité de pouvoir naviguer dans un espace d'informations en choisissant de suivre les associations qu'ils jugent pertinentes au moment de la lecture [Balasubramanian, 1994].

L'idée originale d'hypertexte a été d'abord avancée par Bush en juillet 1945 dans son article « *As we may think* » [Bush, 1945]. Dans cet article, il a décrit le premier système hypertexte dénommé *Memex*[3], une machine multimédia à base de microfilms, en s'inspirant du fonctionnement du cerveau humain par association d'idées. Dans ce système un individu peut stocker ses livres, rapports et communications. Bush a pensé à un mode mécanique pour que l'on puisse consulter toutes les informations d'une manière rapide et flexible. Il a décrit l'essentielle particularité de *Memex* par sa capacité de lier deux articles ensemble.

Le système *Memex* n'a jamais vu le jour faute de technologie appropriée et l'idée d'hypertexte est restée dans l'ombre pendant 20 ans avant que Ted Nelson invente le mot hypertexte et lance avec Xanadu un projet

---

3. Memory Extender

de bibliothèque universelle contenant l'ensemble des documents publiés dans le monde et permettant à l'utilisateur de rapatrier les documents qui l'intéressent, les annoter et les relier entre eux [Nelson, 1981].

Nelson a défini l'hypertexte comme un corps de matériel écrit ou illustré interconnecté d'une façon complexe qui pouvait pas être commodément représenté sur le papier. Il peut contenir des résumés, des cartes de son contenu et leurs interrelations, des annotations, des compléments et des notes des érudits qui l'ont contrôlé [Nelson, 1965].

C'est à partir du projet Xanadu que l'histoire de l'hypertexte a réellement débuté. Parmi les projets qui suivaient et qui offraient des fonctionnalité hypertextes, on peut citer le projet NLS^4 de Douglas Engelbart en 1968, HES^5 de la Brown University développé par Andries van Dam, Ted Nelson et quelques étudiants en 1967, $FRESS^6$ de la Brown University développé par Andries van Dam en 1968, *Intermedia* en 1985 de la Brown University, *NoteCards* développé à Xerox PARC par Randall Trigg, Frank Halasz et Thomas Moran en 1984, KMS^7 de la Carnegie Mellon University, *Textnet* developpé par Trigg à la Maryland University en 1986, WE^8 de la North Carolina University en 1987.

Le logiciel *GUIDE* développé par la société OWL est apparu en 1986, il est issu des recherches de Peter Brown de l'Université du Kent. En 1987, Apple fournit gratuitement avec le $MacIntosh^{TM}$ le logiciel *Hypercard* conçu par Bill Atkinson et Cognetics commercialise *HyperTies* pour PC, après des recherches menées par Ben Shneiderman à l'Université de Mariland. Le premier colloque international sur l'hypertexte a eu lieu en 1987 à l'Université de Caroline du Nord.

En 1991, Tim Berners-Lee lance le WWW [9], hypertexte sur le réseau Internet [Berners-Lee *et al.*, 1994].

---

4. oN Line System
5. Hypertext Editing System
6. File Retrieval and Editing System
7. Knowledge Management System
8. Writing Environment
9. World Wide Web

Le WWW repose sur les deux bases suivantes :

- HTTP [10], le protocole qui prend en charge l'aspect réseau et gère les relations entre le client et le serveur.
- HTML [11], le langage issu de la famille des langages SGML [12] qui permet de décrire un document sous sa forme logique.

Grâce au développement rapide du web [13] le W3C [14] présidé par Tim Berners-Lee a été créé en décembre 1994. Ce consortium a pour but d'assurer l'évolution future du langage HTML, il travaille aussi sur le langage XML [15], langage générique de description de la structure de documents, basé sur le format SGML. La norme du langage XML est mise à disposition des utilisateurs en février 1998. Elle conduit à une évolution du langage HTML, XHTML [16] qui est une reformulation de HTML en XML et est rendue publique en janvier 2000.

Par son caractère entièrement connecté, le web remet en cause le concept de document car il peut être vu comme un immense et unique document réalisé par des millions d'auteurs et dont les parties sont reliées. La section suivante discute la notion de document.

1.2.1 Documents

D'après les définitions rencontrées dans la littérature, nous distinguons deux types de documents : traditionnel et numérique.

Commençant par le traditionnel, la définition donnée par le dictionnaire Larousse atteste qu'un document est un « *renseignement écrit ou objet servant de preuve, d'information ou de témoignage* ».

---

10. HyperText Transfer Protocol
11. HyperText Markup Language
12. Standard General Markup Language
13. 17,5 millions de nouveaux sites internet avaient fait leur apparition sur le web au cours des douze derniers mois avant octobre 2005, selon Netcraft (http ://www.netcraft.com/), spécialisé dans les solutions d'analyses et de statistiques réseau.
14. World Wide Web Consortium
15. eXtensible Markup Language
16. eXtensible HyperText Markup Language

[Estivals, 1987] l'a défini comme un objet porteur d'informations accessible directement sur un médium fixé.

Dans le dictionnaire encyclopédique de l'information et de la documentation [Sutter, 1997], on distingue trois types de documents (traditionnels) :

- **Document primaire** : *c'est un document qui présente une information à caractère original, c'est-à-dire lue ou vue par le lecteur dans le même état où l'auteur l'a écrite ou conçue.*

- **Document secondaire** : *c'est un document comportant des informations de nature signalétique et/ou analytique sur des documents primaires. Un document secondaire recense ceux-ci de façon à faire connaître leur existence et à faciliter leur recherche. Il peut être une bibliographie, un catalogue de bibliothèque, un index ...*

- **Document tertiaire** : *c'est un document où on regroupe soit des synthèses d'articles scientifiques (« mise au point », review en anglais), soit des ouvrages de synthèse (état de l'art). Il peut être aussi un dictionnaire, une encyclopédie, un atlas ...*

[Bringay *et al.*, 2003] définissent un document comme : « *un ensemble de traces, inscrites par un (ou plusieurs) auteur(s) sur un support, et tel que les informations soient structurées suivant des règles imposées par le support d'inscription, et suivant des règles qui font sens pour l'auteur et le destinataire. Le document est source d'informations pour ces deux acteurs, qui vont interpréter cet ensemble de traces (parfois de manière différente) après l'avoir perçu. En général, le document prend place dans une relation sociale entre plusieurs personnes, pour légitimer une communication.* »

La définition de Bringay paraît meilleure parce qu'elle répond aux questions auxquelles les autres ne répondent pas clairement. Les questions sont : de quoi s'agit-il (un ensemble de traces), d'ou vient cet ensemble de traces (d'un ou de plusieurs auteurs), et, où et comment sont-elles inscrites (sur un support et structurées suivant des règles imposées par le support et qui font sens pour l'auteur et le destinataire).

Quant au document numérique, [Bachimont, 1999] précise que « *le document correspond nécessairement à ce qui est consulté dans le cadre d'une forme d'appropriation sur un support d'appropriation. Il ne correspond pas à l'enregistrement interne, contrairement à ce que la locution "document numérique" pourrait laisser entendre. Cela implique qu'un document numérique n'est un document que lorsqu'il est consulté sur un support d'appropriation à travers une forme d'appropriation.* »

[Gagneux et Emptoz, 2002] ont défini un document web comme un site web (contesté dans le paragraphe suivant) composé de pages [17] (i.e. nœuds [18]) structurées hiérarchiquement par un arbre, d'éléments de structure l'hyperlien, et qui peut se modéliser, s'exprimer, par un graphe. L'hyperlien est considéré comme un lien valué et orienté reliant deux pages (du site web).

La définition précédente laisse penser qu'un site serait défini par son caractère hiérarchique. La définition actuelle de Wikipédia définit et précise mieux le concept de site web : un site web est un ensemble de pages web et d'éventuelles autres ressources du web, hyperliées en un ensemble cohérent, c'est-à-dire conçu pour être consulté avec un navigateur web et mis à disposition par un même auteur (organisme ou individu) dans un même but. Un site web a une adresse web.

[Radhouani et al., 2004] appellent « document » toute unité textuelle qui peut constituer une réponse à une requête utilisateur.

Selon l'Organisation Internationale de Normalisation (OIN) : un document est un « *ensemble formé par un support et une information, généralement enregistrée de façon permanente et tel qu'il puisse être lu par l'homme ou la machine.* »

[Géry, 2002] précise mieux ce qu'est un document web : « *un document du web est un support informatique qui véhicule une information*

---

17. Une page web correspond visuellement au contenu du navigateur web lorsqu'une adresse URL est indiquée et activée dans la barre d'adresse, et physiquement à un ou plusieurs fichiers

18. Contesté en §1.2.2

produite par une source (un auteur ou un groupe d'auteurs) à destination des lecteurs du web, en utilisant un code approprié (comme le langage HTML). Le document est le terme générique pour désigner aussi bien les documents atomiques que les documents structurés, les chemins de lecture ou les hyperdocuments. »

En conclusion, le document web se définit plutôt du point de vue du lecteur, et les entités suivantes peuvent être des documents web : tout site web, la page d'accueil de la biographie de Mitterrand, la partie de cette page qui traite les conventions étrangères, la page de la biographie de Mitterrand qui traite la convention de Lomé IV, plusieurs pages web traitant de conventions de coopération économique européenne provenant d'un ou de plusieurs sites ...

1.2.2 Nœud et lien

Un système d'hypertexte est constitué de nœuds et des liens. [Vignaux, 2001] définit le concept de nœud de deux manières : (1) les unités d'information sont appelées nœuds et correspondent à un écran, à une page ou à des fenêtres sur un écran, (2) le nœud est l'unité minimale d'information [19] dans un hypertexte.

Les notions d'unité d'information et d'unité minimale d'information sont floues, parce que, du point de vue du lecteur, d'une part, l'unité d'information peut correspondre à un site web, voire même plusieurs sites web, et d'autre part, l'unité minimale d'information peut correspondre à une phrase, voire même à un seul mot. Nous constatons donc que la définition d'un nœud, du point de vue du lecteur, se rapproche de la notion de document (§1.2.1). La définition nécessite donc plus de précision.

Nous partons de l'hypothèse suivante pour définir un nœud : l'auteur, lorsqu'il décide de créer un site web, prévoit mentalement une segmentation de l'information, qu'il veut communiquer par son site, de façon à

---

[19]. Gallinari a suggéré pour l'unité minimale d'information le terme *doxel* par analogie au terme pixel.

avoir des segments tels que chacun représente une unité d'information à la fois minimale, autosuffisante et faisant partie des idées intégrantes du site. Cette hypothèse peut être justifiée par une motivation chez l'auteur de simplifier la lecture et d'améliorer l'attractivité de son site. Donc un nœud peut être défini, du point de vue de l'auteur, comme une unité minimale d'information, autosuffisante et faisant partie des idées intégrantes du site.

Chaque segment représente un nœud, chaque nœud est représenté dans une page ou dans une partie de page[20] accessible via un hyperlien. Les nœuds sont connectés à d'autres nœuds en rapport par des liens. Le nœud source du lien est appelé référence et le nœud destination du lien est appelé référencé (voir les exemples des figures 1.2 et 1.3).

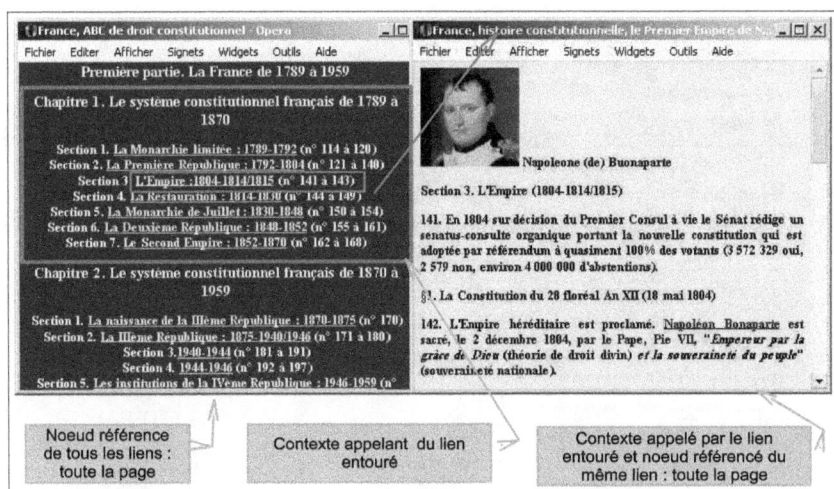

FIGURE 1.2 – *Nœud référence du lien entouré, nœud référencé du lien, contexte appelant du lien et contexte appelé par le lien (URL de la page de gauche : « http ://www. denistouret.net/constit/ »).*

---

20. Pourquoi une page ou une partie de page et non plusieurs pages ou parties de pages, c'est parce que l'auteur voudrait faciliter la lecture et rendre son site plus attractif.

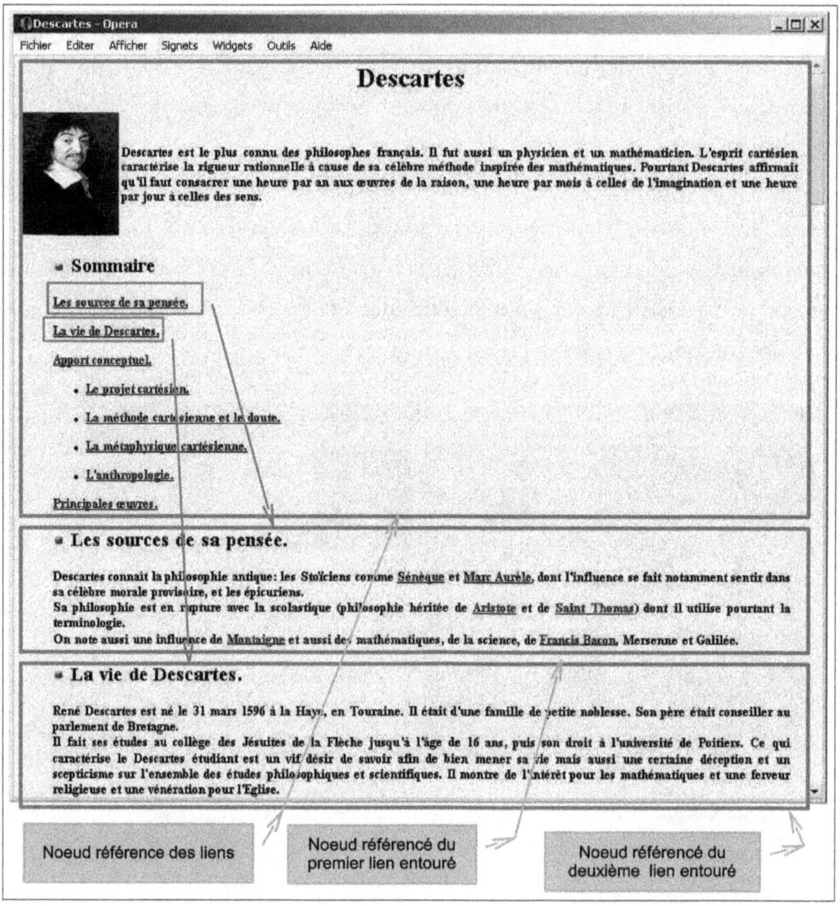

FIGURE 1.3 – *Nœud référence des deux liens entourés et les nœuds référencés par ces liens (URL de la page :*
« http ://perso.orange.fr/sos.philosophie/descarte.htm »).

Les liens sont aussi connus sous le nom d'ancres. Les contenus des nœuds référencés sont affichés en activant les liens. Un ensemble de nœuds s'appelle un réseau ou une base de données ; un jeu de liens s'appelle une navigation si l'objectif recherché est précis, un tour guidé si le cheminement est proposé par un tuteur et un broutage ou butinage, si le lecteur évalue chaque îlot d'informations à son mérite [Rhéaume, 1991] ; [Rhéaume, 1993].

Les liens peuvent être bidirectionnels facilitant ainsi les retours arrières. Ils peuvent aussi être typés (comme lien de spécification, généralisation, etc. cf §1.4.2.1), spécifiant ainsi les rôles [21] des nœuds référencés par rapport aux nœud références, ils peuvent également être porteurs d'une information sémantique spécifiant les relations sémantiques entre les nœuds reliés. Les liens sont souvent activés par des boutons identifiés par un texte ou une icône. Ces boutons sont des zones sensibles qui établissent précisément le lien demandé en donnant accès au nœud désiré.

1.2.3 Contextes appelant et contexte appelé

Nous appelons *contexte appelant d'un lien*, l'ensemble minimal de multimédia (textes, sons, graphiques et images fixes ou animées) autour de l'ancre du lien qui fournit une information suffisante pour comprendre le rapport du contexte avec la cible. De même, nous appelons *contexte appelé par le lien*, l'ensemble minimal de multimédia qui suit la cible du lien et qui fournit une information suffisante pour comprendre le rapport du contexte avec le contexte appelant du lien (voir les exemples des figures 1.2 et 1.4). Ainsi, l'ensemble constitué du contexte appelant du lien et du contexte appelé par le lien forme une unité d'information autosuffisante. Nous allons maintenant discuter la différence entre le concept de contexte de lien et le concept de nœud.

---

21. voir les attributs de Xlink §2.1.1

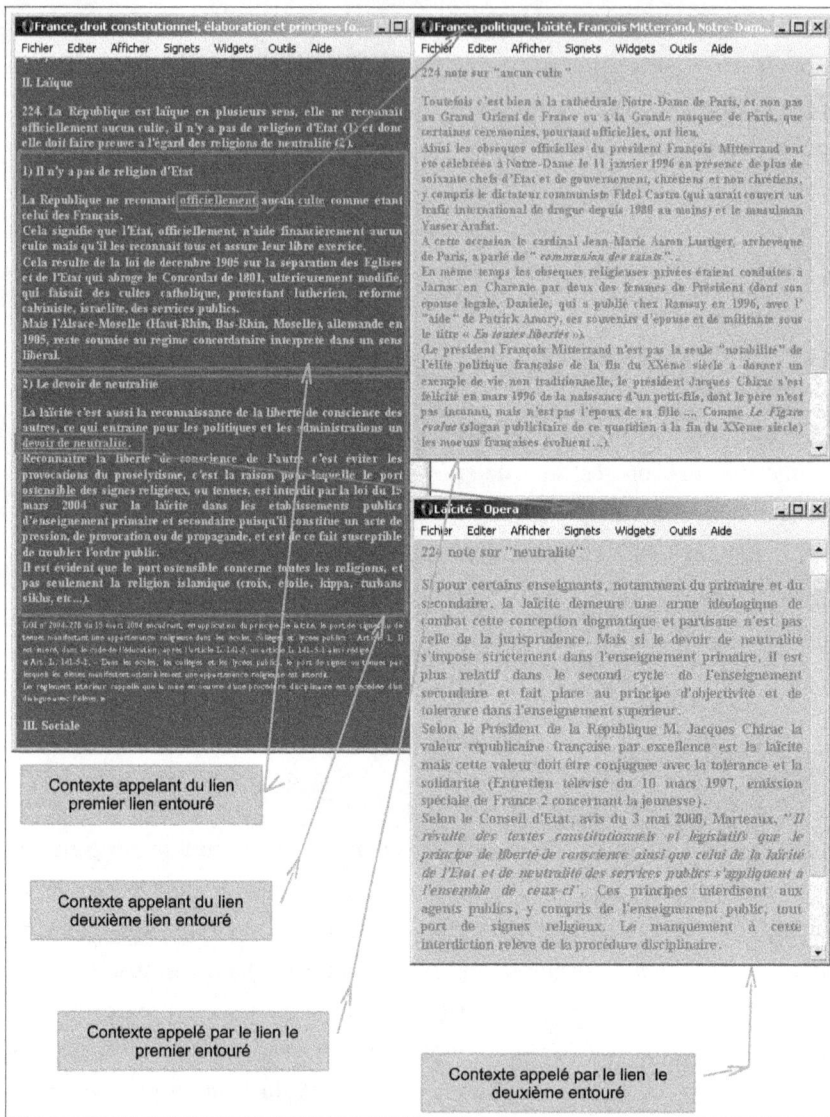

FIGURE 1.4 – *Les contextes appelants des deux liens entourés et les contextes appelés par ces deux liens (URL de la page de gauche : « http ://www.denistouret.net/constit/ »*

1.2.4 Discussion

Un nœud peut faire le sujet de plusieurs contextes appelants des liens du nœud. En effet, partant des définitions avancées au §1.2.3 et au §1.2.2 concernant les contextes et les nœuds, l'unité minimale d'information qui fait l'objet du nœud (qui fait partie intégrante des idées du site) peut comprendre des grains d'information autours des liens du nœud, tels que chaque grain est suffisant pour comprendre le rapport entre lui-même et la cible. Par exemple, la page de gauche de la figure 1.4 constitue un nœud dans lequel l'auteur traite le sujet de « l'élaboration et principes fondamentaux de la Constitution de la Vème République française ». Le nœud comprend deux contextes appelants que nous les encadrons. Le premier contexte traite le sujet de « la laïcité de l'état » (état sans religion), c'est bien le contexte appelant du lien entouré le plus haut, de plus un deuxième contexte traite un autre sujet « la neutralité », c'est bien le contexte appelant du lien entouré le plus bas. Par contre, le nœud référencé et les contextes appelés des liens sont identiques. En effet, l'unité minimale d'information qui fait l'objet du nœud référencé constitue une information suffisante pour comprendre le rapport entre le contexte appelant du lien et elle-même (voir l'exemple de la figure 1.5).

D'autre part nous faisons le constat, d'après les définitions des documents, contextes appelants et contextes appelés que la concaténation des deux derniers est potentiellement un document notamment lorsqu'il s'agit d'un hyperlien natif, posé manuellement par l'auteur pour répondre à un besoin précis (cf § 3.1.1.3). Par exemple, considérons les liens entourés de la page de gauche de la figure 1.5. Le contexte appelant de chaque lien et le contexte appelé par ce lien véhiculent une information qui peut être lue indépendamment du reste. Il en est de même pour le contexte appelant du deuxième lien entouré de la même page et le contexte appelé par ce lien.

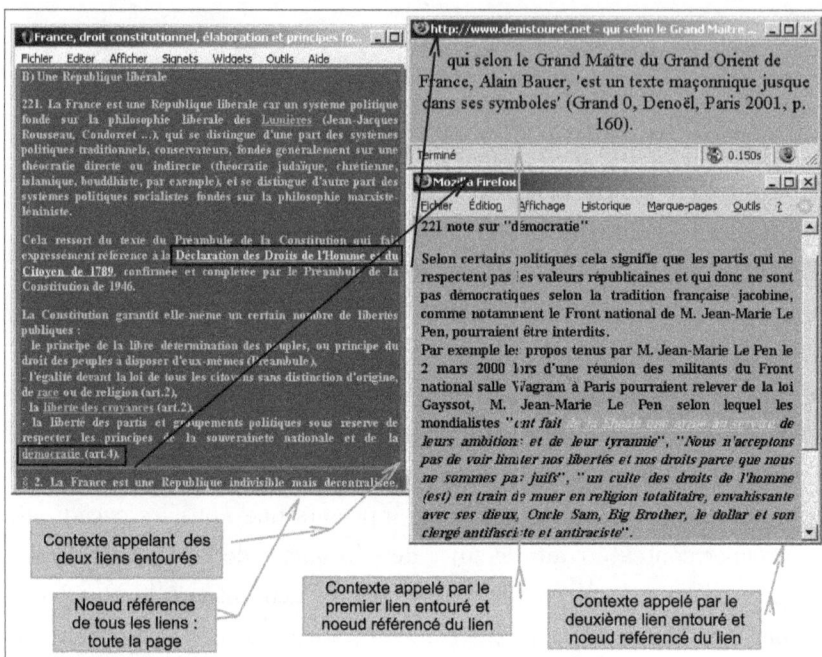

Figure 1.5 – *Nœud référence des deux liens entourés, les nœuds référencés par ces liens, le contexte appelant des deux liens et les contextes appelé par les deux liens (URL de la page de gauche : « http ://www.denistouret.net/constit/chap2.html »)*

1.3 Les liens en recherche d'information

Plusieurs stratégies de recherche d'informations font recours aux hyperliens. Nous distinguons deux catégories de stratégies d'utilisation des hyperliens :

- stratégies d'utilisation pour estimer l'importance des documents web, ce qui servira à réordonner une liste des réponses obtenue par un moteur classique de recherche d'informations,
- et stratégies d'utilisation pour créer de nouveaux liens entre les

documents préalablement hyperliés.

Dans la première catégorie de stratégies, on fait l'hypothèse qu'un lien reflète une autorité de la page cible sur un sujet donné, tandis qu'avec la deuxième, l'hypothèse est que la cible d'un lien contient des informations relatives aux idées développées dans le document source du lien.

1.3.1 Stratégies d'utilisation pour estimer l'importance des documents

Plusieurs stratégies de recherche d'informations font recours aux hyperliens afin de réordonner la liste des réponses obtenue par un moteur classique de recherche d'informations. Les moteurs de recherche de première génération proposent, pour une requête donnée, une liste ordonnée des documents les plus similaires à la requête. Ces moteurs se basent sur la représentation du contenu du document et de la requête, souvent par des mots clés, pour calculer le degré de similarité entre le document et la requête. Un modèle de représentation du contenu des documents est présenté dans la section 2.4, et deux mesures de similarité sont présentées dans les sections 4.2.1 et 4.2.2. Les moteurs de recherche de la deuxième génération utilisent non seulement les représentations du contenu des documents mais aussi les hyperliens entre les documents qui, par hypothèse, reflètent une autorité des pages cibles des hyperliens sur un sujet donné.

Dans cette section, nous présentons quelques stratégies d'utilisation des liens pour estimer l'importance des documents web.

1.3.1.1 Web Impact Factor (WIF) ou Facteur d'Impact du web

Plusieurs études faites sur les citations dans le domaine bibliométrique [22] sont appliquées sur les hyperliens dans la recherche d'informa-

---

22. La bibliométrie concerne l'étude de documents écrits cités les uns par des autres.

tions sur Internet. La structure de citation est exploitée dans l'analyse des articles scientifiques pour estimer de façon quantitative leur importance. Différentes mesures ont été proposées pour estimer l'importance d'un article scientifique. La plus connue et la plus utilisée est "Impact Factor (IF)" : le facteur d'impact de Garfield [Garfield, 1972], qui se calcule une fois par an pour tous les articles publiés par un journal. Si n est le nombre de citations, en une année donnée, d'articles publiés dans ce journal sur une période de deux ans, et m est le nombre total d'articles publiés dans le journal en ces deux ans, le IF est le rapport n/m.

Le Facteur d'Impact du web [Ingwersen, 1998] est à l'Internet ce que le Facteur d'Impact est aux articles publiés.

Le WIF représente une mesure relative de la popularité du site web (nombre de liens qui pointent vers ces sites) et de la qualité (réputation et autorité des sites web pointés par des liens du site).

La meilleure façon pour évaluer les WIF, est d'examiner, outre le nombre de liens qui pointent vers un site donné, leur but, leur pertinence, leur crédibilité et leur autorité. Pour le IF, il est nécessaire de déterminer le nombre de « citations internes » au même groupe, car parfois les motivations des auteurs d'inclure telle ou telle référence ne se limite pas à la simple volonté de citer des travaux en rapport avec le document courant, quelques groupes d'auteurs ont tendance à se citer les uns les autres par déférence plutôt que par pertinence. Pour le WIF, tout comme pour le IF, il est nécessaire de déterminer le nombre de « citations internes ». Dans le cas du web, les « citations internes » correspondent à tous les liens internes.

Le WIF d'un site web peut être estimé automatiquement sur Alta Vista [23] par la formule « +link :URL-du-site », ce qui donne le nombre total des liens qui pointent vers « URL-du-site » y compris les liens provenant du même hôte. Pour mieux évaluer le WIF, il convient d'éliminer les liens internes provenant du même hôte. La formule suivante donne

---

23. www.altavista.com

le WIF amélioré : « +link :URL-du-site -URL :nom-de-domaine.nom-de-pays ».

A titre d'exemple, le WIF du site du Laboratoire d'Informatique de Tours LI[24] calculé suivant la première formule au moment d'écriture de ce rapport : « +link :http ://www.li.univ-tours.fr » donne 317, et selon la deuxième formule « +link :http ://www.li.univ-tours.fr -host :univ-tours.fr » donne 128.

L'inconvénient commun de IF et le WIF est que toutes les citations sont considérées de même importance. Cependant, un article (resp. site) est d'autant plus important qu'il est cité par des articles (resp. sites) importants.

1.3.1.2 Indice Page Rank

[Brin et Page, 1999] définissent un score de popularité PageRank de pages web. Le PageRank d'une page web est une estimation de la probabilité qu'un lecteur, navigant sur le web d'une manière aléatoire, tombe sur cette page. Plus cette probabilité est importante, plus la popularité de la page est importante. Ainsi, la chance de tomber sur une page est d'autant plus grande que la page est référencée par un nombre important de pages ayant un important PageRank.

Etant données une page D et les pages $D_1, D_2, \ldots, D_m$ qui pointent vers elles, le score PageRank $PR^{c+1}(D)$ au cycle $c + 1$ est donné par l'équation suivante :

$$PR^{c+1}(D) = (1 - d) \times \frac{1}{N} + d \times \left[\frac{PR^c(D_1)}{C(D_1)} + \ldots + \frac{PR^c(D_m)}{C(D_m)} \right] \quad (1.1)$$

où d est un paramètre, N le nombre de documents dans la collection et $C(D_i)$ est le nombre d'hyperliens sortant du document D_i.

[Carriere et Kazman, 1997] ont proposé une mesure de classement des pages web basée sur le dénombrement des liens entrants et sortants

---

24. www.li.univ-tours.fr

dans l'objectif de réordonner l'ensemble des résultats obtenus pour une requête donnée. Cette mesure peut être interprétée comme une mesure de popularité des pages web.

1.3.1.3 Algorithme de Kleinberg

[Kleinberg, 1999] définit deux scores pour les pages, score en tant que « page autorité » et score en tant que « page centrale » (hub). Pour le calcul des scores, il utilise non seulement l'ensemble des pages en réponses à la requête, mais aussi les pages pointant vers ces pages et pointées par ces pages. Une « page autorité » est une page pointée par des « pages centrales », le contenu de la « page autorité » est supposé être pertinent. Une « page centrale » est une page qui pointe vers des « pages autorités ». Une page p ayant un nombre important de pages qui pointent vers elle est perçue comme « page autorité ». De manière duale, une page p contenant un nombre important de liens vers d'autres pages est perçue comme une « page centrale ». Ainsi, Le score de p en tant que « page autorité » est d'autant plus important qu'elle est pointée par de bonnes « pages centrales », et le score de p en tant que « page centrale » est d'autant plus important qu'elle pointe vers des bonnes « pages autorités ».

Etant donnée une page D, le score de D en tant que « page autorité », noté $H^{c+1}(D)$, et celui en tant que « page centrale », noté $A^{c+1}(D)$, à la $c + 1$ itération sont donnés par les équations suivantes :

$$A^{c+1}(D) = \sum_{D_i \in parent(D)} H^c(D) \tag{1.2}$$

$$H^{c+1}(D) = \sum_{D_i \in fils(D)} A^c(D) \tag{1.3}$$

L'algorithme proposé par [Chakrabarti et al., 1998] est une modification de l'algorithme de Kleinberg. Il intègre des informations provenant de textes autour des liens. Ils considèrent que l'information textuelle autour d'un lien pointant vers une page p est descriptif de p. Ils assignent à chaque lien un poids en fonction de la ressemblance du texte qui l'entoure avec la requête. Ces poids sont ensuite combinés avec les informations issues de l'analyse des liens.

1.3.2 Stratégies d'utilisation pour créer de nouveaux liens entre les documents

Les stratégies de cette catégorie se base sur la méthode de co-citation. La méthode de co-citation est utilisée dans le domaine bibliométrique depuis 1973 [Marshakova, 1973] ; [Small, 1973]. Elle a pour objectif de créer à partir des références bibliographiques des articles scientifiques d'un même domaine, des cartes relationnelles des documents ou d'auteurs reflétant à la fois les liens sociologiques et thématiques de ce domaine.

L'hypothèse sous-jacente de la méthode de co-citation stipule que si deux articles, de date quelconque, sont fréquemment cités ensemble, ils devraient posséder un contenu apparenté ou une parité thématique. Deux documents D_i et D_k possèdent un lien de co-citation si, le nombre d'articles référençant simultanément D_i et D_k est important par rapport à leur fréquence d'apparition.

Les bibliomètres [Larson, 1996], [Pitkow et Pirolli, 1997], [Prime et al., 002a], se sont intéressés à l'adaptation de la méthode de co-citation des documents à l'univers de web. Ils ont montré l'intérêt de la structuration pour rapprocher thématiquement les pages, mais ont aussi montré les limites théorique et technique de l'analogie entre le web et la bibliométrie. Une des limites de cette analogie est le faible taux de liens de référence [25] sur le web. En effet, selon les statistiques sur les collections sélectionnées sur le web par un robot du laboratoire CLIPS [26],

---

25. Généralement les liens de référence (au sens des liens de référence définis en §1.4.2.1) sont les liens inter-sites, nous verrons quelques cas particuliers de liens inter-sites qui ne sont pas de référence dans la section 1.3.3

26. Communication Langagière et Interaction Personne-Système

le pourcentage de liens de référence [27] varie entre 4 et 16 %. Notons ici que la collection regroupe des pages provenant des sites web des laboratoires d'informatique de l'IMAG (le domaine « .imag.fr »), des pages collectées sur le domaine « .tn », des pages provenant d'hébergeurs de sitesweb personnels, des pages provenant d'un nombre de site web de journaux et des pages collectées sur un domaine anglophone (Irlande). Le tableau 1.1 récapitule les pourcentages de liens de référence par collection.

	IMAG	Tunisie	PagesPerso	Journaux	Irlande
Nombre de pages	64 797	43 651	57 730	345 860	311 640
% de liens de référence	5,87%	3,95%	15,76%	13,59%	15,83%

TABLE 1.1 – *Pourcentage de liens de référence dans les collections du laboratoire CLIPS*

[Bray, 1996] a analysé une collection de 11 millions de pages HTML et montre que les sites sont souvent isolés : 80% d'entre eux sont référencés par moins d'une dizaine d'autres sites, et 80% d'entre eux n'en réfé- rencent aucun. L'analyse des liens de notre corpus de 1858 pages HTML et composé des documents traitant des biographies de personnages cé- lèbres montre que le pourcentage de liens de référence ne dépasse pas 14% des liens du corpus.

[Prime-Claverie et al., 2003] ont utilisé la méthode de co-citation dans le but d'extraire des sous corpus de documents web homogènes par rap- port aux genres (types) de document.

[Dean et Henzinger, 1999] ont également utilisé la méthode de co- citation dans le but de trouver des URL similaires à des URL donnés. Etant donné un URL u, leur méthode consiste à : trouver l'ensemble B des parents de u et BF des descendants de B, ensuite pour chaque élément de BF, calculer son degré de co-citation avec u. Enfin, les dix premières pages ayant des degrés de co-citation les plus élevés sont res- titués.

---

27. Selon eux, un lien de référence est un lien externe au site

Dans la section suivante nous abordons la place et l'intérêt de la sémantique des liens dans ces différentes stratégies.

1.3.3 Place de la sémantique des liens

Ces stratégies utilisent les liens d'une façon quantitative. Les liens spams[28] et les liens de navigation comme « Page principale », « Page suivante », « Page précédente » ... posent problèmes pour ces stratégies parce qu'ils peuvent fausser les indices d'autorité et de popularité des pages. Bien qu'ils soient faciles à éliminer, les sites[29] dédiés aux moteurs de recherche indiquent que ces liens sont effectivement utilisés dans les stratégies de recherche sur le web.

Les liens de type référence, tels qu'ils sont définis dans la section 1.4.2.1, constituent la meilleur ressource d'information dont l'étude présente un intérêt pour les stratégies vues précédemment. En effet, ces liens (1) reflètent une réelle autorité et popularité des pages, et (2) leurs cibles contiennent des idées relatives aux idées présentées dans les documents sources.

Les liens inter-sites sont généralement considérés et évalués comme étant des liens de type référence, or ce n'est pas toujours le cas. En effet, les liens commerciaux et hiérarchiques (organisationnels) provenant des sites portails ne sont pas de type référence. Les moteurs de recherche devraient faire face aux types des liens qui nuisent à la pertinence du calcul des indices d'autorité, de popularité, de co-citation ... D'où l'intérêt de la sémantique des liens pour ces stratégies.

---

28. Liens qui pointent vers la même cible et provenant de la même page ou du même serveur
29. http ://www.searchengineguide.com,
http ://searchenginewatch.com/facts/index.html,
http ://www.moteurzine.com

1.4   Recherche d'information par navigation

Bien que les liens hypertextes soient intéressants pour rendre les sites plus attractifs et plus faciles à lire, ainsi que pour enrichir les sites par des informations provenant d'autres sites web, ces mêmes liens entraînent des difficultés pour les lecteurs. Cette partie a pour objectif de citer quelques problèmes posés par les liens pour les lecteurs (§1.4.1), d'étudier quelques éléments pouvant aider à la navigation (§1.4.2) et quelques systèmes d'aide à la navigation sur le web (§1.4.3).

1.4.1   Problèmes posés par les liens pour les lecteurs

A partir d'un nœud hypertexte, le lecteur peut se retrouver sur d'autres nœuds grâce à l'activation des liens hypertextes du nœud. Cela supposerait que l'hypertexte contienne une multiplicité de parcours de lecture, ce qui peut entraîner une difficulté pour un lecteur qui cherche à trouver son chemin au sein d'un hypertexte. De plus, la navigation se fait plus ou moins en aveugle. En l'effet, lors de l'activation d'un lien sur un mot, on ne sait pas précisément ce que l'on va trouver, est-ce qu'on tombera sur une définition de quelques lignes, ou bien sur une thèse de doctorat sur le thème... Le lien entouré de la figure 1.6 illustre ce fait. Le lecteur qui active le lien s'attend à ce qu'il trouve le texte des pamphlets (généralement court), or ce n'est pas le cas. Un autre problème peut se pose pour les lecteurs peu spécialisés dans le cas ou le n?ud cible comprend énormément d'information que le lecteur ne retient rien, tel problème est une source de la surcharge cognitive. Dans la lecture d'hypertextes, la désorientation et la surcharge cognitive sont les inconvénients majeurs identifiés [Conkin, 1987] ;[Saleh, 2001].

Pour tous ces aspects, il est intéressant d'offrir aux lecteurs des moyens efficaces pour l'aide à la navigation dans les réseaux hypertextes. Dans la section suivante nous étudions quelques éléments susceptibles de fournir une aide à la navigation dans les systèmes hypertextes.

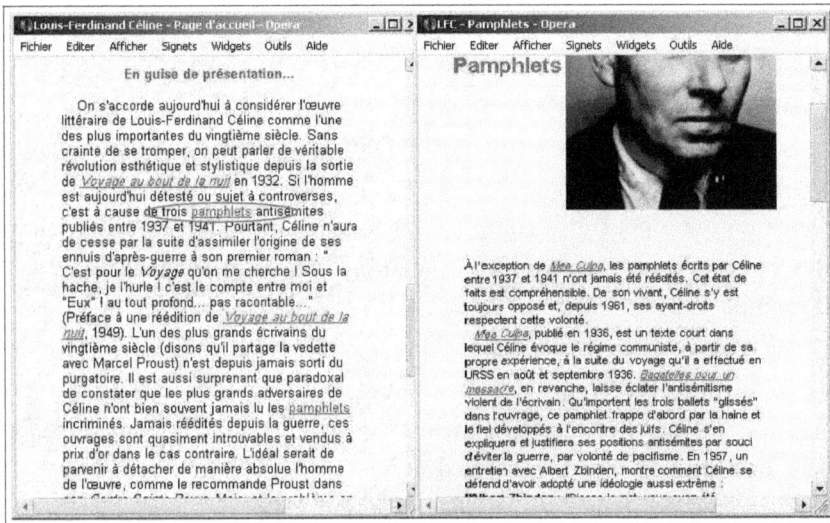

FIGURE 1.6 – *Lien de texte d'ancre « pamphlets » (gauche) et la cible (droite)*

1.4.2   Éléments pouvant aider à la navigation

Les éléments pouvant aider à la navigation qui sont étudiées dans cette section sont : 1) l'affichage du chemin du lecture parcours durant la navigation, 2) les attributs des liens HTML et Xlink et finalement 3) les types des liens.

L'affichage du chemin de lecture parcourus durant la navigateur aide à se repérer dans le système de navigation, il donne aussi un aperçu du contenu de la cible après avoir activé le lien, ce chemin aide aussi le lecteur à désambiguïser le sens du titre en le plaçant dans le contexte des termes de du chemin.

Quelques éléments pouvant aider à la navigation sont prévus dans les liens HTML et XML, ce sont les attributs sémantiques[30],ils sont malheureusement très peu utilisés par les auteurs et très exploités par les

---

30. Ces attributs font l'objet d'une étude assez détaillée dans la section 2.1.1

navigateurs surtout pour les attributs de Xlink. Un exemple d'exploitation de l'attribut "title" d'un lien HTML est l'affichage dans une bulle de sa valeur de lors de survol de la souris sur le lien.

Dans un nœud d'hypertexte, chaque lien appelle le lecteur à voyager jusqu'au nœud référencé à cause d'un type particulier de relation. Cette dernière peut être comprise intuitivement par le lecteur à l'aide des indices liés au contenu et à la forme du nœud référence. A titre d'exemple, un lien de texte d'ancre « la vie de Jean-Jacques Rousseau » permet de comprendre facilement que la cible traite de la biographie de Jean-Jacques Rousseau dans ses détails. On est encore plus certain de « tomber » sur cette page si ce lien est situé dans un sommaire proposant des liens de texte d'ancres de type : « la vie d'une personne x ». Par ailleurs, des tentatives de définition des types des liens sont faites dans la littérature. La section suivante (§1.4.2.1) fait l'objet d'une étude des principaux taxonomies de types des liens dans la littérature, elle sera suivie (§1.4.2.2) par la présentation des intérêts des types de liens pour la navigation et de quelques travaux abordant leur automatisation (§1.4.2.3).

1.4.2.1 Types des liens

Dans cette section, nous citons quelques taxonomies de types des liens dans la littérature. Nous donnons quelques explications pour clarifier quelques éléments de terminologie.

Il existe deux grands types de liens :

- **Le lien de référence (ou de citation)** uni ou bi-directionnel est celui qui établit des relations non hiérarchiques entre un nœud référence et un nœud référencé. Ce type de lien permet de mieux documenter une information ou d'approfondir un sujet précis.

  [Géry, 2002] distingue les relations de cheminement qui sont des références internes au site : l'auteur propose au lecteur de poursuivre sa lecture dans un autre nœud du graphe, des relations de référence qui sont externes au site : l'auteur propose au lecteur d'aller consulter d'autres sites.

- **Le lien organisationnel**, dit aussi structurel, hiérarchique, spécialisation/généralisation, de subsomption et de composition, concerne la structure hiérarchique d'un hypertexte construit sous forme d'arbre. Ce type de lien permet de relier un nœud fils à son père dans le graphe structurel.

Taxonomie de types de liens de Randall Trigg :

[Trigg, 1983] dans sa thèse vise à dresser une taxonomie des liens hypertextuels pour des corpus de textes scientifiques.

Il propose de définir une série de liens primitifs et de les organiser en deux catégories : liens normaux et liens de commentaire. Les liens normaux servent à connecter les nœuds qui constituent un travail scientifique aussi bien que ceux de travaux différents. Les liens de commentaire connectent des énoncés sur un nœud au nœud en question. Il y ajoute une catégorie spécifique nommée " child links " (liens enfants) servant à connecter des nœuds de type « table des matières » à leurs enfants.

Nous allons maintenant préciser la taxonomie proposée dans la thèse de Trigg. Nous commençons par la précision des liens normaux. Trigg part de l'hypothèse suivante pour proposer les liens normaux : les principales parties d'un travail scientifique sont la spécification du contexte, l'énoncé du problème, la spécification de la théorie et la présentation des arguments et des données.

- Les **liens de citation** : ils permettent de spécifier le contexte du nœud d'information. Ils sont une extension naturelle de liens bibliographiques. Ces liens s'inspirent des travaux de [Garfield, 1979]. Ils comprennent eux même des sous-types :
  - **source** : pointe vers la source des concepts et des idées pour permettre l'authentification des données exposées.
  - **pionnier** : faire hommage de pionniers.

33

- ○ **crédit** : donne du crédit, des hommages à des travaux liés.
- ○ **leader** : fait référence à des travaux non cités ou non publiés.
- ○ **éponymie** : identifie le travail original décrivant un concept ou un terme éponyme.
- **Lien " background "** : pointe aux nœuds d'autres auteurs (souvent les travaux en entier) ou aux nœuds du même auteur (souvent faisant partie du travail présent). Le lien de citation version Trigg semble être un type particulier de ce type de lien.
- **Lien « future »** : permet d'alerter des travaux à venir.
- **Lien de réfutation** : permet de réfuter des travaux ou des idées.
- **Lien de support** : Soutient ou justifie les revendications, les idées et les travaux d'autres auteurs.

L'ensemble ci-dessus de liens bibliographiques est pensé par Trigg comme devant permettre de générer de bibliographies automatiques.

- **Lien de généralisation/spécialisation**.
- **Lien d'abstraction/exemple**.
- **Lien de formalisation/application** : fait référence à deux actes qui sont la formalisation d'un jeu de notions pour en faire une théorie et l'application de cette théorie pour obtenir des résultats pratiques.
- **Lien d'argument** : permet de lier le nœud courant à un autre qui contient les prémisses d'arguments de ses conclusions. Les sous types de ce type peuvent lier les prémisses à l'argument et/ou l'argument aux conclusions.
- **Lien de solution** : permet de lier l'exposé d'un problème et la présentation de sa solution.
- **Lien de résumé/détail** : permet de résumer/détailler les idées d'un nœud dans un autre.
- **Lien de vue alternative** : permet d'établir une nouvelle manière de voir les mêmes choses.
- **Lien de réécriture** : permet de faire voir les même idées mais

écrites d'une manière différente

La liste suivante connecte deux nœuds dont seulement un d'entre eux suffit à la lecture.

- **Lien de simplification/complication** : permet de simplifier/compliquer les idées traitées dans le nœud courant dans un autre nœud.
- **Lien d'explication** : permet de lier le nœud courant aux nœuds qui donnent explication aux idées du nœud en question.
- **Lien de correction**.
- **Lien de mise à jour** : permet de lier le nœud courant aux informations qui mettent à jour le nœud en question, ou au nœud incorporant les nouvelles informations.
- **Lien de continuation** : permet de lier deux nœuds qui s'enchaînent dans la même direction de discours.
- **Lien de méthodologie** : identifie la méthodologie utilisée, le matériel, etc...
- **Lien de données** : permet de connecter un nœud aux données de l'analyse.

La deuxième catégorie générique de types de liens proposés par Trigg est les liens de commentaires. Les liens de commentaires permettent de relier des nœuds aux nœuds qui contiennent des énoncés sur ces derniers. La typologie n'émet aucune restriction sur les types de commentaires possibles :

- **Lien de commentaire** : représente un type générique pour les liens de commentaire.
- **Lien de critiques** : permet de lier les nœuds aux critiques.
- **Lien d'environnement** : les liens de ce type concernent les commentaires entre un travail et sa relation avec les travaux liés de son environnement.
- **Lien d'énoncé du problème** : peut ou non être suivi par la présentation d'une solution. La plupart du temps, renvoie aux « needed work » (travaux nécessaires) et constitue une forme de sollici-

tation à l'adresse de la communauté. Le problème peut être jugé trivial, peu important, etc ...

- **Point** : permet de lier les commentaires sur un point particulier ou un ensemble de points au nœud en question.
- **Lien d'argument** : dans les cas où l'auteur argumente à partir d'un ensemble de prémisses vers un ensemble de conclusions : les sous-types de ce type visent à critiquer les différents types d'argument précédemment décrits dans les liens normaux (induction, analogie, etc.).
- **Lien de données** : commentaire sur les données utilisées pour obtenir des résultats, comme des commentaires sur des données expérimentales en psychologie, etc.
- **Lien de style** : offre la possibilité de critiquer le style ou l'attitude d'un auteur.

Taxonomie de types de liens de Cleary et Bareiss :

[Cleary et Bareiss, 1996] se basent sur une théorie de la conversation pour décrire les types de liens. Les auteurs font l'hypothèse qu'à chaque point d'une conversation il y a seulement quelques catégories générales d'énoncés en suspens qui constituent une possibilité de continuation naturelle plutôt qu'un changement de thème. Le but des types de liens est d'offrir une signification structurée indiquant la relation entre les nœuds qui permettent aux usagers de s'orienter à un niveau local, associatif, plutôt que de reposer sur une hiérarchie explicite [Kopak, 1999].

- " **Refocusing** " : préciser le sujet
  - ○ **contexte.**
  - ○ **spécificité, détails, exemples.**
- **Comparaison**
  - ○ **analogies.**
  - ○ **alternatives.**
- **Causalité**

- ○ **causes**.
- ○ **résultats**.
- • **Conseils, avis**.
  - ○ **opportunités**.
  - ○ **avertissement**.

Chaque catégorie comprend un certain nombre de types de liens. Les types de liens décrits ici sont inclus dans ceux de Trigg.

Taxonomie de type de liens de Rao et Turoff :

[Rao et Turoff, 1990] prennent en compte distinctement deux séries de critères : ceux liés aux nœuds et ceux liés aux liens, et permet de les articuler.

Ils soutinrent que les systèmes hypertextuels souffraient d'un manque de cohérence dû à l'ambiguïté des significations des nœuds et des liens.

Leur cadre générique classifie les nœuds en six types sémantiques différents : **détail, collection, proposition, sommaire, résultat** et **observation**. Les liens sont catégorisés en deux types : **liens convergents** et **divergents**. Les liens convergents se divisent à leur tour en liens de **spécification, d'appartenance, d'association, de chemin, d'alternance et d'inférence**. Ces liens aident à s'approcher ou à se recentrer sur les formes de relations entre idées. Les liens divergents se divisent en liens d'**élaboration, d'opposition, de tentative, de ramification, latéraux et d'extrapolation**. Ils étendent ou élargissent les relations entre les idées. **Taxonomie de liens selon Allan**

Dans le cadre du projet SMART [Salton, 1971], [Salton, 1991], Allan proposa une méthode [Allan, 1995], [Allan, 1996] utilisant le modèle vectoriel pour réaliser des liens automatiques entre les différents documents ou paragraphes de différents documents. A partir de ces liens, Allan propose de réaliser un typage afin de mettre en valeur les différentes raisons d'insérer un lien dans un document.

Il propose six types de liens : **révision, résumé ou extension,**

équivalence, comparaison ou contraire, tangent, agrégat.

Pour conclure sur les taxonomies de types des liens dans la littérature, il n'existe pas de telles structures génériques et consensuelles, beaucoup de types se recoupent. Au niveau de leur exploitation, à ma connaissance, les gens n'en font rien. Les types des liens tels qu'ils sont définis en supra correspondent aux valeurs de l'attribut *role* des liens Xlink (voir 2.1.1.1) qui permet de typer le lien en fonction du rôle qu'a la cible du lien par rapport à la ressource d'origine.

1.4.2.2 Intérêts de types de liens pour la navigation

Les types des liens reliant les nœuds sur le web constituent des informations importantes pour la navigation sur le web.

Pour un lecteur, la mise à sa disposition des types des liens lui permet d'avoir un contexte de navigation. Donc, face à un flot de liens, ceux-ci lui permettent de cibler l'information pertinente plus rapidement.

Par exemple, un lien de type « soutient » permet au lecteur désirant avoir des idées qui soutiennent ou justifient les propos du contexte appelant du lien, de se diriger rapidement vers les documents qui l'intéressent. Le lien entouré de la figure 1.7 est un exemple de lien de type « soutient ».

Les types des liens peuvent aussi être utilisés afin de regrouper les documents par catégorie (résumé, illustration, pré-requis, argument, solution, travaux proches . . .), ce qui peut répondre aux attentes des lecteurs en matière de recherche.

1.4.2.3 Automatisation de l'extraction de types des liens

Nous présentons dans cette section les principaux travaux dans la littérature qui abordent la reconnaissance automatique de types des liens et la génération automatique de liens typés. Pouvoir générer de liens typés, c'est à dire a fortiori pouvoir les reconnaître.

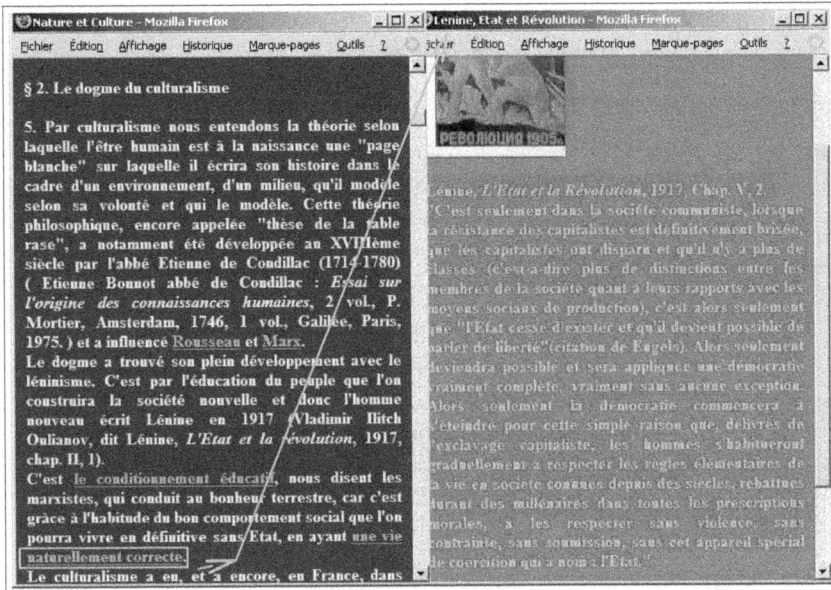

FIGURE 1.7 – *Le lien entouré de la page de gauche est de type support*

Nous commençons par les travaux qui abordent la génération des liens d'association ou de similarité entre documents. Pour calculer une mesure de similarité entre les documents, une telle représentation des documents est requise. La méthode TF-IDF[31] est souvent utilisée pour représenter les documents. Elle consiste à représenter les documents par un vecteur de fréquences des mots qu'ils contiennent(voir §2.4). Ensuite, une similarité est calculée entre toutes les paires de documents présents (voir par exemple l'indice de Jaccard §4.2.1 et la mesure de cosinus §4.2.2). Enfin un lien est créé entre chaque couple de documents dont la similarité est supérieure à un certain seuil. Des auteurs comme [Stephen, 1997] ont proposé des versions améliorées de cette idée afin de résoudre les problèmes de synonymie et de polysémie. Une combinaison de la mesure de similarité classique et de la mesure LSI (Latent Semantic Indexing) est pro-

---

31. Terme Frequency-Inverse Document Frequency

posée dans [Blustein et Webber, 1995] afin de lier les documents d'une collection. D'autres auteurs comme [John, 1998] proposent des heuristiques pour lier des documents. Ils proposent, par exemple, de chercher les termes rares d'une collection (termes présents dans au plus cinq documents par exemple), ensuite il faut construire une requête composée des phrases contenant ces mots rares. Enfin, les documents qui répondent à cette requête sont liés au document dont provient la requête.

Le problème de cette approche réside dans le temps de calcul très important pour réaliser les liens.

Concernant les liens de référence et organisationnels, plusieurs travaux se sont intéressés à leur reconnaissance et génération. [Géry, 2002], pour automatiser la reconnaissance de ces deux types de liens, analyse la configuration d'une URL par rapport à la hiérarchie de fichiers du serveur web. Les liens organisationnels peuvent être créés en tenant compte des différents titres et sous-titres, sections et sous-sections, mais aussi relativement à des marqueurs structurants tels que les figures [Hitchcock et al., 1997] ; [Lawrence et al., 1999]. Si l'auteur utilise les marqueurs structurants prévus à cet effet, la création automatique de ce type de lien est relativement aisée, notamment pour la mise en place de la table des figures ou de la table des matières, mais malheureusement si les auteurs n'utilisent pas ces marqueurs structurants mais utilisent directement la mise en forme matérielle[32] pour mettre en valeur ces différents éléments, la création automatique de ce type de lien, et plus généralement de la structure du document, devient très difficile [Furuta et al., 1988]. Ainsi, pour le web, la détection automatique de ces différents éléments structurants est très difficile compte tenu de l'utilisation assez rare des éléments fournis dans le langage pour exprimer ces différents éléments[33]. Ainsi, la création automatique de ce type de

---

32. Utilisation du gras, de l'italique ou d'une fonte de taille plus importante.

33. Les balises H1 à H6 ne sont que très peu utilisées (dans notre corpus parmi 1858 fichiers HTML seulement 191 fichiers contiennent des balises $Hi, i \in \{1, \ldots, 6\}$) et lorsqu'elles le sont, ce n'est généralement pas très souvent à bon escient.

liens en utilisant les marqueurs structurants n'est pas très fiable dans l'environnement du web.

Dans le même cadre, un système de génération des liens de type spécialisation / généralisation entre les documents d'une collection, est décrit dans [Njike Fotzo, 2004]. Dans un premier temps, les principales thématiques de la collection sont dégagés en utilisant des techniques de segmentation de textes, telles que la segmentation de [Salton et al., 1996] et l'algorithme de k-moyenne. Ensuite, pour définir les relations de subsomption entres thèmes, le principe de co-occurence asymétrique de [Sanderson et Croft, 1999], défini à la base entre deux termes, est étendu à la subsomption des thèmes. Le terme x subsume un terme y si les documents où y est présent sont un sous ensemble des documents contenant x. Cela conduit à une hiérarchisation des thèmes et des documents par projections de ces derniers sur les thèmes. Cette projection se fait avec l'estimation de la probabilité conditionnelle d'un thème sachant un document.

[Aguiar et Beigbeder, 2000] proposent une méthode basée sur l'analyse statistique de la distribution des termes dans les pages et entre les pages, ainsi que la distribution des liens entre les pages pour extraire les liens structurels.

Botafogo dans [Botafogo et Shneiderman, 1991] ; [Botafogo et al., 1992] propose une méthode permettant d'extraire la structure intra-site. Cette méthode consiste à différencier automatiquement les liens hiérarchiques (hierarchical links) des liens de références (cross reference links), en extrayant une racine et la hiérarchie qui en découle. Cette méthode se base sur la matrice M des distances $c_{i \rightarrow j}$ entre les nœuds n_i, n_j [34] pour calculer des métriques tel que le *Relative Out Centrality* (ROC) d'un nœud, qui exprime sa centralité dans l'hypertexte.

---

34. $c_{i \rightarrow j}$ = longueur du plus court chemin de liens pour atteindre n_j à partir de n_i et si aucun chemin alors $c_{i \rightarrow j}$ = une constante k

$$ROC_i = \frac{\sum_{i'} \sum_j c_{i' \to j}}{\sum_j c_{i \to j}} \tag{1.4}$$

Il définit certaines propriétés pour détecter les nœuds racines. La propriété fondamentale de la racine est qu'à partir d'elle on peut atteindre tous les nœuds, ou presque, de l'hypertexte. Une autre propriété importante pour la racine est que sa distance par rapport à tous les nœuds ne devrait pas être très élevée. La troisième propriété est que la racine devrait avoir un nombre « raisonnable » de fils. Ainsi, un nœud ayant un ROC élevé satisfait les deux premières propriétés de la racine. La troisième propriété peut être vérifiée en comptant les liens sortants de chaque nœud. Un nœud index est, par définition, un nœud ayant de nombreux fils et ne devrait pas être une racine. Le processus d'identification d'une bonne racine de l'hypertexte consiste à (a) identifier les nœuds ayant un ROC élevé et (b) supprimer les nœuds index.

Les travaux de d'Agosti, Balpe, Smeaton et Wilkinson [Agosti et Smeaton, 1996] ; [Agosti et Allan, 1997] ; [Balpe et al., 1996] ; [Wilkinson et Smeaton, 1999] regroupent aussi quelques détails des points de vue sur la création automatique de liens organisationnels.

[Njike Fotzo, 2004] dans sa thèse, propose quelques heuristiques pour la reconnaissance automatique de certains types de liens : lien d'équivalence, de résumé/détail, de citation, « futur », de solution, méthodologique, support et de réfutation. Une méthode semi-automatique de génération de liens typés est proposée par [Cleary et Bareiss, 1996]. Elle se base sur l'instanciation par des humains de quelques attributs prédéfinis : auteur, but, etc. [Allan, 1996] propose une méthode automatique de génération de quelques types de liens : révision, résumé, extension, équivalence. Cette méthode se base sur le modèle vectoriel de représentation de documents et ainsi sur le contenu textuel des documents, ce qui fait qu'elle hérite des problèmes de polysémie ou de synonymie rencontrés lors de l'utilisation de textes.

Pour conclure, on peut constater que la reconnaissance automatique de ces types de liens se base sur quatre types de données : le contenu textuel des nœuds, la syntaxe des URL, quelques marqueurs structurants et le graphe des nœuds.

La reconnaissance de formes des contextes appelant et appelé peut être utile pour la reconnaissance de quelques types des liens. A titre d'exemple, si le contexte appelant du lien est de forme littéraire « sommaire », cela permet de déduire le type du lien spécialisation, et si le contexte appelé par le lien est de forme littéraire illustration, cela permet de déduire le type de lien illustration.

Dans la section suivante, nous présentons des travaux caractérisant les formes des pages en se basant sur les balisages utilisés dans les pages elles-mêmes, la syntaxe des URL et d'autres caractéristiques issues de l'analyse de la topologie de liens, la similarité entre documents, etc.

Reconnaissance des formes de pages web :

Pour indexer les pages web, trois types d'information peuvent être utilisées :

- Le contenu lui-même des pages web : c'est-à-dire l'ensemble du code source de la page, le texte, les balises, les liens hypertextes, les liens vers les images ou d'autres ressources multimédias, la taille des fichiers, etc.
- Le graphe créé par les liens hypertextes reliant les pages les unes aux autres.
- Les données provenant de l'usage comme les fichiers de log, les « cookies », etc.

Cette classification est proposée par la communauté du « web mining » [Kosala et Blockeel, 2000].

Le langage HTML comprend un ensemble de balises de base dont les balises de structure, puis celles qui permettent de composer du texte. Une autre catégorie de balises est celle qui permet de mettre en place des hyperliens. Une page web peut être définie par un ensemble de caractéristiques (domaine du site, structure (frames, etc.), liens internes, liens externes, quantité et poids des images intégrées, rapport balise/contenu, ...) en relation avec la forme de la page.

Une page HTML peut être intéressante par sa forme descriptive et par son aspect. Celle-ci est intéressante si elle contient des liens vers le site lui même, des liens externes vers d'autres sites. Des pages web peuvent contenir des formulaires ce qui permet de comprendre qu'il s'agit des interfaces de saisie, d'autres peuvent contenir des liens hypertextes les uns à la suite des autres ce qui permet de comprendre qu'il s'agit d'un sommaire, etc.

Il est aussi important de signaler que le poids informatique d'une page est un élément très significatif car il peut permettre de déduire l'importance du contenu textuel de la page quantitativement. La présence d'images dans une page est un élément qui permet aussi de dégager une idée sur la dimension esthétique de la page.

Les sites sur le web sont hétérogènes (sites commerciaux, pages personnelles, livres, articles, annuaires) et ne possèdent aucune véritable structure qui les relie. [Bélisle et al., 1999] distinguent plusieurs grands types d'information :

- Information publique de référence, provenant des gouvernements, d'organismes professionnels, de bibliothèques, d'associations, ou de sociétés privées.
- Information scientifique et éducative (disciplinaire), dont les banques de données traditionnelles, provenant de laboratoires de recherche, d'universités, ou de sociétés de services.
- Information publicitaire à visée commerciale provenant des entreprises.
- Information médiatique, provenant des organismes de presse.
- Information personnelle, provenant des individus ayant leur propre site.

[Papy et Bounai, 2003] proposent une approche fondée sur la classification de pages. Ils prennent en considération les balisages utilisés dans les pages web pour élaborer des profils des pages web. Cette approche est fondée sur les caractéristiques des pages HTML. Elle permet :

- d'améliorer les navigations en réduisant l'espace de recherche en montrant seulement les pages pertinentes par rapport aux souhaits de l'usager.
- d'éviter la situation de surcharge cognitive à laquelle l'usager est souvent confronté au fil de ses lectures.
- de signaler à l'usager les types de pages auxquels aboutit sa requête.
- de donner des possibilités à l'usager de filtrer et de choisir les types de pages qu'il désire consulter.

Ils distinguent trois catégories de sites web par rapport à leurs contenus :

- Les sites textuels : ils privilégient les contenus textuels avec plusieurs liens internes et des liens externes car leur objectif est de diffuser les informations auprès des utilisateurs (les sites institutionnels, bibliothèques, universitaires, entreprises). Dans ceux-ci, les images ou les illustrations offrent des informations complémentaires.
- Les sites visuels : ils privilégient les contenus visuels (images, graphiques d'illustration, etc.). Ainsi, ils intègrent souvent des formulaires (champs de saisies), par exemple les sites commerciaux, publicitaires, commerces électroniques, musées. L'image joue un rôle important, elle participe à l'attractivité du site et pour les commerciaux, elle est une valeur ajoutée indispensable. Pour les sites « plus techniques », l'image a une fonction différente. Elle permet à l'utilisateur de mettre rapidement ses attentes en correspondance avec l'information présentée. Dans ces sites, les textes offrent des informations complémentaires.
- Les sites portails (annuaires) : ils privilégient plutôt les liens externes.

Pour établir une catégorisation des pages, ils se sont appuyés sur les travaux d'Alain Lelu ([Lelu *et al.*, 1999], [Balpe *et al.*, 1996]) en utilisant l'algorithme de K-means axiales. Cinq types de pages ont été distingués automatiquement. Ces cinq catégories constituent des pôles flous, plus que des classes bien distinctes :

- Page informative textuelle : le contenu de la page est un texte.
- Page informative avec texte illustré : le contenu de la page est une illustration visuelle, ce peut être des images, des figures, des boutons, etc.
- Page carrefour interne au site : le contenu de la page est un ensemble de liens internes au site.
- Page carrefour externe au site : le contenu de la page est un ensemble des liens externes au site.
- Page interface à la saisie : le contenu de la page est un ensemble de champs de saisie.

[Pirolli *et al.*, 1996] proposent une classification des pages web d'un site, selon leur rôle dans l'hypertexte :

- " Head " : les pages d'accueil représentant le point d'entrée dans le site. Elles mêmes se subdivisent en pages d'accueil d'organisation et en pages d'accueil personnelles.
- " Index " : les pages qui aident à la navigation, comme les tables des matières ou les listes de liens.
- " Reference " : les pages qui sont souvent référencées dans l'hypertexte, comme par exemple les page de glossaires.
- " Content " : les pages dont le but n'est pas de faciliter la navigation, mais de délivrer de l'information.

Pirolli montre qu'il est possible de déterminer la classe de la page web en établissant pour chaque page un vecteur de caractéristiques qui sont issues de l'analyse de la topologie des liens, la similarité entre les documents, les statistiques d'utilisation du site (nombre d'accès, navigation, etc.), ainsi que divers autres critères : titre, auteur, taille de la page, etc. Les vecteurs sont ensuite comparés à une liste de vecteurs prédéfinis représentant les caractéristiques des différents types de la classification. Par exemple, il caractérise la page d'accueil par un grand nombre de liens entrants ou sortants, une similarité par rapport aux pages « fils » importante et un point de passage pour visiter le reste du site.

[Spertus et Stein. 2000] proposent un certain nombre de « règles » utiles pour fournir des informations afin de classer les pages web. Elle se base sur la même classification précédente. Ces règles se basent sur une information liée aux types des liens, ces derniers sont détectés par une analyse syntaxique des URL : un lien *Down* est un lien qui va d'une page *nom_de_domaine1/dossier1* vers une page *nom_de_domaine1/dossier1/dossier2*, un lien *Up* est un lien qui va de la dernière vers la première, un lien *Cross* est un lien qui va de *nom_de_domaine1/dossier1* vers *nom_de_domaine1/dossier3* c'est-à-dire transversal à l'intérieur d'un site et un lien *Out* est un lien qui va par exemple d'une page *nom_de_domaine1* vers un page *nom_de_domaine2*, c'est-à-dire qui sort du site.

Les règles énoncées par Spertus sont telles que :

- Une page référencée par une page personnelle P à l'aide d'un lien Down, est probablement du même auteur que la page P.
- Deux liens dont les ancres sont proches dans la page HTML traitent probablement d'un sujet similaire, ou possèdent une autre caractéristique commune.
- Une page référencée par une page index I à l'aide d'un lien Out, traite probablement du même sujet que la page I.
- Une page référencée par une page index I à l'aide d'un lien Down, traite probablement d'une spécialisation du sujet traité dans la page I.

Nous nous sommes inspirés de ces travaux de caractérisation des formes des pages web pour établir une typologie de formes littéraires des contextes appelants et appelés spécifique au domaine de biographies

47

des personnages célèbres (voir §4.1.2)

1.4.3 Les assistants à la navigation sur le web

Plusieurs systèmes d'aide à la navigation sont proposés dans la littérature. Deux grandes approches complémentaires sont proposées dans la littérature pour construire des systèmes d'aides au choix des liens et plus généralement pour le calcul d'une recommandation [Resnick et Varian, 1997]. 1) l'approche fondée sur l'utilisation de profils utilisateurs et 2) l'approche fondée sur des techniques de fouille de données.

Le profil utilisateur est une structure de données qui décrit les centres d'intérêts de l'utilisateur. Une fois une telle structure construite, on peut l'utiliser soit pour filtrer les liens disponibles (on parle alors de filtrage basé sur le contenu) [Lieberman, 1995], soit pour recommander à l'utilisateur ce qui a satisfait d'autres utilisateurs ayant un profil similaire (on parle alors de filtrage collaboratif).

Les approches centrées sur la fouille de données reposent sur l'analyse des activités de navigation sur le web d'un utilisateur ou d'un groupe d'utilisateurs afin d'extraire des recommandations pour l'aide à la navigation sur le web [Lieberman, 1995] ; [Yan et al., 1996] ; [Wexelblat et Maes, 1997]. Une approche hybride peut reposer sur l'utilisation des techniques de fouille de données pour la construction d'un profil utilisateur [Mladenic, 1996]. Dans la même catégorie, nous citons l'approche Broadway [Kanawati et al., 1999] ; [Trousse, 1999]. L'approche Broadway repose sur l'utilisation de techniques de raisonnement à partir des cas afin de recommander à un utilisateur des pages qui ont satisfait des utilisateurs ayant navigué d'une manière similaire. A la différence de la plupart des autres approches centrées sur la fouille de données, l'approche Broadway prend en compte l'ordre des actions des utilisateurs comme élément central dans le calcul de recommandations.

Ces systèmes utilisent différents mécanismes de calcul de recommandations de liens. Pour faciliter la comparaison entre les différents assistants à la navigation [Trousse, 1999] propose une classification fonctionnelle qui s'appuie sur les critères suivants :

- La nature de l'assistance fournie. Différents types d'aide peuvent être proposés par les assistants à la navigation [Brusilovsky, 1997] notamment les types suivants : 1) cacher des liens existants, 2) trier les liens en fonction de leur pertinence au contexte de navigation courant, 3) proposer des raccourcis et 4) annoter les liens.
- La personnalisation. Il s'agit de la capacité du système à personnaliser l'aide à fournir en fonction des besoins individuels de chacun de ces utilisateurs.
- L'adaptabilité. Il s'agit de la capacité du système à apprendre à partir des interactions de ses utilisateurs.

L'approche Broadway de calcul de recommandations s'appuie sur un filtrage basé sur la réutilisation de comportements de l'utilisateur et/ou d'un groupe d'utilisateurs. Ce filtrage peut être classé comme un type particulier de « filtrage collaboratif » [Resnick et Varian, 1997]. En effet les assistants basés sur l'approache Broadway permettent une recherche d'information où l'expérience d'un groupe de personnes est mise à profit. La prise en compte du comportement des utilisateurs, constitué notamment de la séquence des pages visitées et de leur contenu, doit également permettre de mieux cerner l'intérêt de l'utilisateur pour affiner les recommandations.

Dans le même cadre, [Blanchard et al., 2005] présentent un système d'aide à la navigation, intégrant un système de modélisation du comportement de navigation et un stratège qui met en œuvre, en fonction du comportement détecté, une aide visant à recommander des liens particuliers. Une trame est calculée pour chaque page visitée, et résume les actions de l'utilisateur entre deux actions de changement de page. La trame calculée pour une page contient des caractéristiques telles que le nombre de visites sur la page depuis le début de la session, une mesure de l'activité sur la page (utilisation de l'ascenseur, sélection de texte etc.), le temps passé sur la page, un indicateur de situation dans la hiérarchie du site, une mesure de la diversité thématique des dernières pages visitées.

La stratégie d'aide repose sur un ensemble de règles mettant en œuvre une situation et une action. Une situation de l'utilisateur à un moment donné est définie par un quadruplet de situations vis-à-vis des quatre informations suivantes :

- le micro-comportement courant détecté par les modèles de Markov cachés,
- une information sur le niveau absolu de navigation (fiche, sommaire, etc.),
- une information sur la focalisation thématique des pages visitées dans un passé récent,
- et une mesure d'activité.

Le stratège est un ensemble de règles de type « si situation alors action ».

Concernant la place de la sémantique des liens dans ces approches, nous pensons qu'elle présente une donnée importante pour décrire les centres d'intérêts des utilisateurs. A titre d'exemple, étant donné un utilisateur qui suit des liens de type généralisation/spécialisation d'un sujet spécifique. Nous verrons que dans notre modèle de formalisation de la sémantique d'un lien figure à la fois des mots clés sur les contextes appelant et appelé et sur la relation sémantique entre les deux contextes. A partir de ces donnés, il est possible de détecter le sujet qui intéresse l'utilisateur, et si le système se sert d'une ontologie, il sera également possible de proposer à l'utilisateur des liens de type généralisation/spécialisation du même sujet susceptibles de l'intéresser.

1.5   Sémantique des liens hypertextes

Les types des liens représentent une partie des relations sémantiques entre contextes appelant et appelé, mais ils sont insuffisants pour représenter la totalité de la sémantique portée par les liens avec toute sa richesse. L'objectif de cette partie est de montrer cette insuffisance puis de présenter notre solution pour mettre en place la sémantique portée par les liens avec toute sa richesse.

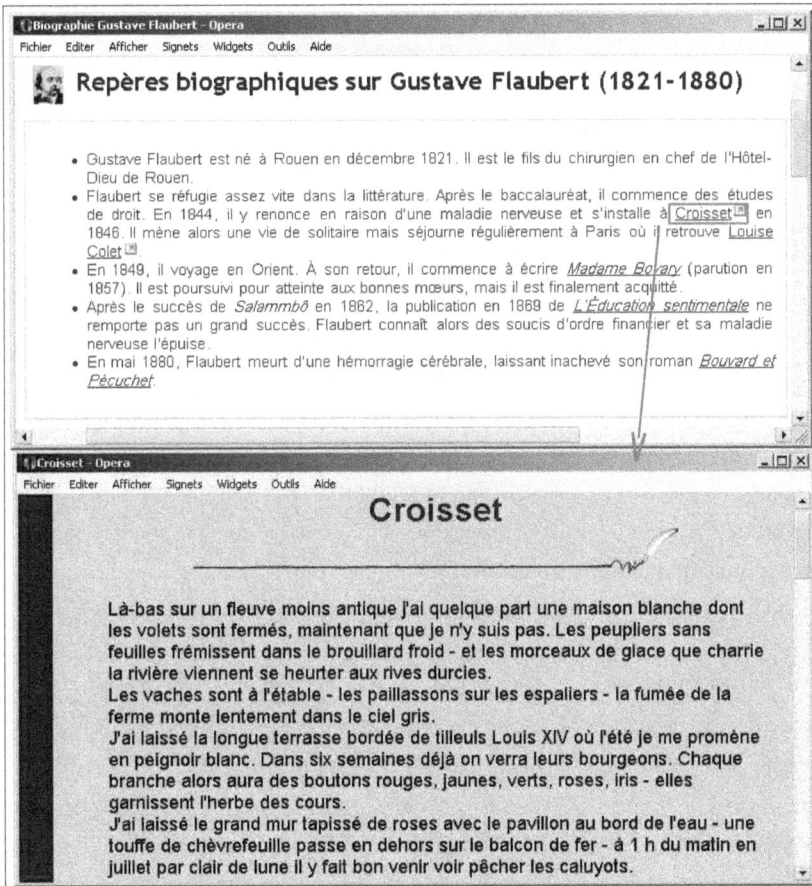

FIGURE 1.8 – *Contexte appelant du lien entouré (page en haut) et contexte appelé par le lien entouré (page en bas)*

Étant donné le lien entouré en rouge de la figure 1.8, le contexte appelant du lien raconte une période de jeunesse de Flaubert tandis que le contexte appelé par le lien cite un texte littéraire écrit par Flaubert qui décrit Croisset. La principale information sémantique portée par le lien nous pouvons la décrire comme suivant : « **Croisset** *a influencé* **Flaubert** ». Nous considérons par ailleurs que cette information est derrière la création du lien lui même. Examinons maintenant la possibilité de représenter cette information sémantique avec les techniques actuelles de représentation des connaissances. Avec HTML, il n'est pas possible de représenter cette sémantique. Prenons les liens Xlink, et particulièrement considérons l'attribut *role* qui permet de définir le rôle qu'à la cible par rapport à la source du lien, la limite de l'information sémantique sur le lien que l'on peut exprimer avec cet attribut est « complément » ou bien « approfondissement », or l'information sémantique portée par le lien est bien plus riche que ça. De ce fait, les techniques courantes de représentation de la sémantique des liens présentent un manque et ne sont pas capable de représenter cette sémantique avec toutes sa richesse. Par ailleurs, considérons les types de liens tels que présentés dans la littérature (voir 1.4.2.1), il n'est également pas possible de représenter cette information sémantique avec les types des liens. Pour cette raison, nous nous sommes mis à la réflexion d'un modèle [AL-HAJJ *et al.* 2006] capable de décrire la sémantique des liens avec toute sa richesse.

Étant donné les deux contextes d'un lien, appelant et appelé, pour extraire les relations sémantiques entre les deux contextes portée par le lien avec toute la richesse, nous avons fait le constat qu'il suffit de répondre à la question suivante : **pourquoi l'auteur voudrait-il que le lecteur aille consulter le contexte appelé par le lien ?**. Plus précisément : « pourquoi l'auteur propose t-il au lecteur d'aller, à partir du sujet qu'il est en train de lire dans le contexte appelant du lien, consulter le sujet du contexte appelé par le lien ? ». Une réponse à cette question se trouve dans la ou les relations sémantiques entre les deux contextes dont nous proposons de la (les) formaliser par une ou plusieurs phrases de ce type : « **un concept A du contexte appelant du lien** » *est relié par une relation sémantique B à* « **un concept C du contexte appelé par le lien** ». Les relations sémantiques « B » peuvent être telles que *supporte, réfute, généralise, spécialise, illustre ...* spécifiant le rôle qu'a la cible par rapport à la source du lien ou type du lien, mais peuvent aussi être telles que *a influencé, a écrit, a fréquenté, est né à, s'est inspiré de, a traduit* fournissant ainsi une information au delà des types des liens.

Les réponses à cette question pour un lien peuvent être de différents niveaux de pertinence. Pour les liens qui ont été créés automatiquement sur des noms propres par des automates, la réponse à cette question serait le plus souvent de plus bas niveau : **le sujet de la cible** *définit d'une manière encyclopédique* **le nom propre**. Nous nous intéressons aux liens natifs car nous considérons qu'ils sont riches sémantiquement. Étant donné le lien entouré de la figure 1.9, le contexte appelant du lien raconte les fréquentations d'Apollinaire tandis que le contexte appelé cite le poème « POUR MADELEINE SEULE ». Les réponses à la question, à partir du plus bas niveau vers un niveau plus haut, sont telles que : **Apolinaire** *a écrit* **POUR MADELEINE SEULE** ; **Apolinaire** *a fréquenté, a été inspiré par* **Madeleine Pagès**. Considérons également le lien entouré de la figure 1.8, le contexte appelant raconte une période de jeunesse de Flaubert et le contexte appelé cite un texte littéraire écrit par Flaubert qui décrit Croisset. Les réponses à la question, du plus bas niveau vers un niveau plus haut, sont telles que : **Flaubert** *a écrit sur* **Croisset** ; **Flaubert** *a été influencé par* **Croisset**.

La réponse formelle à cette question est une information plus importante à mettre à la disposition des lecteurs, des moteurs de recherche du web actuel et ceux du web sémantique que l'information fournie par les types des liens tels qu'elle défini dans la littérature. En effet, d'une part, les réponses formelles comporte des concepts en plus sur les contextes et, d'autre part, elles permettent de représenter (également supporter) une ou plusieurs relations sémantiques qui dépasse la notion du rôle ou de type de lien.

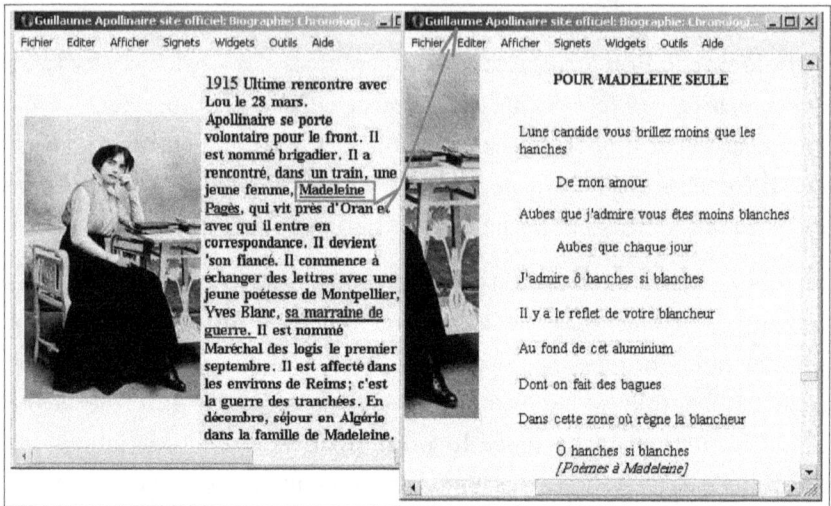

FIGURE 1.9 – *Contexte appelant du lien entouré (page de gauche) et contexte appelé par le lien entouré (page de droite)*

Pour les lecteurs, cette réponse leur est plus intéressante à mettre à disposition car elle leur fournie un contexte de navigation plus riche que celui fournie après une analyse basée sur les types des liens. Pour les moteurs de recherche actuels les informations sémantiques formalisées leur permettent de faire face aux liens qui nuisent au calcul des indices d'autorité et de popularité (comme les liens commerciaux). Ces informations sont également intéressantes pour les moteurs de recherche du web sémantique pour améliorer la précision des réponses aux requêtes (voir §3.5).

Les types des liens sont parfois comparables à la réponse formelle avancée. Par exemple, pour le lien entouré de la figure 1.7, le type de lien est « soutient », et la réponse formelle à la question est : **« l'Etat et la Révolution »** *soutient* **« les fondements du culturalisme »**. Cependant, avec la réponse formelle, nous nous situons à un niveau plus riche par rapport aux types des liens. Par exemple, pour les liens entourés des figures 1.9 et 1.8, les réponses à la question comme décrit au dessus fournissent des informations beaucoup plus riches que les types des liens qui auraient été réduites aux notions de « complément » ou « d'approfondissement », conformément à l'attribut *role*.

Les relations sémantiques qui relient les concepts des contextes permettent d'extraire d'une manière simple une partie intéressante de la sémantique du contexte appelant du lien. On fait l'hypothèse qu'elles sont plus faciles à extraire parce qu'on se sert des deux contextes appelant et appelé.

Dans le cadre de nos travaux, nous nous intéressons à la formalisation et à l'extraction automatique de la sémantique des liens. Dans le chapitre suivant, nous présentons les outils utilisés pour la représentation et pour l'aide à l'extraction de la sémantique.

Chapitre 2

Extraction et représentation des connaissances

Dans ce chapitre, nous présentons les outils et méthodes utilisés pour la représentation des connaissances et pour l'aide à l'extraction formelle de la sémantique des liens. Nous présentons d'abord les XLink et notamment leurs attributs sémantiques. Nous définissons ensuite les ontologies et quelques modèles de représentation de connaissances sur le web comme : RDF, RDFS, OIL, DAML, OWL ... Ensuite, nous présentons les treillis de Galois avec quelques méthodes de classification basées sur les treillis de Galois, puis nous présentons la méthode des k-plus proches voisins. Enfin, nous présentons des méthodes de caractérisation des pages web par des mots clés en se basant sur le contenu textuel des pages et sur le contenu textuel des pages web qui pointent vers elles.

2.1 Méthodes de représentations et manipulations

2.1.1 Les possibilités de représentation de la sémantique des liens dans les langages HTML et XML

Nous allons étudier dans cette section la sémantique portée par les liens HTML et les liens XML ou XLink à travers l'analyse des attributs sémantiques des liens HTML et des XLink.

Les attributs sémantiques des liens HTML sont : REL, REV, TITLE et ALT. REL spécifie le rôle qu'a la destination du lien par rapport au document courant du lien. Ainsi, REL= "previous" indique que le document cible du lien est le document qui précède le document courant. En revanche, REV spécifie le rôle qu'a le document courant par rapport à la destination du lien. Ainsi, REV="previous" indique que le document courant est le document qui précède le document cible. L'ensemble des valeurs que peuvent prendre ces deux attributs sont tels que alternatif, auteur, signet, contenu, copyright, glossaire, index, aide, suivant, précédent, début, feuille de style [Graham, 1997]. Les attributs TITLE et ALT servent à fournir une brève description de la cible du lien.

Malgré ce typage proposé dans la norme HTML, il est très rarement utilisé dans un web où seulement 7% des pages respectent la norme [Beckett, 1997].

Après la naissance de XML et de ses dérivés [Bray et al., 2000], comme le langage de descritpion XLink [DeRose et al., 2001b], il est possible de décrire de façon aussi fine que nécessaire la structure du web, avec un typage de liens et des mécanismes d'adressage précis.

Les liens XML ont été développés depuis 1997 afin d'obtenir des outils de liaison entre documents XML plus puissants que ceux du HTML. Ils ont été principalement inspirés des mécanismes de liens du HTML, des liens définis par la norme HyTime[1], et de la TEI[2] qui est un mécanisme initialement conçu pour une application SGML et destiné au codage des textes littéraires de tous types (théatre, poésie, ...). Ils peuvent être externes aux ressources liées rendant possible de relier des documents par des liens XML sans avoir à modifier les documents, et également de créer des liens possédant plusieurs cibles, bi-directionnels, multi-directionnels.

XLink utilise XPointer [DeRose et al., 2001a], qui offre un mécanisme d'adressage très précis au sein des documents XML. Il permet de référencer des parties des documents avec une granularité plus fine. XPointer utilise le langage XPath [Clark et DeRose, 1999] pour décrire des accès internes à un arbre de documents XML.

Les liens XML peuvent être simples ou étendus, inclus ou exclus. Les liens simples n'ont qu'une simple cible alors que les liens étendus peuvent en avoir plusieurs. Un lien sera dit inclus s'il est défini dans sa ressource. Un lien sera dit exclu si la ressource dans laquelle il est défini est différente de celle d'origine.

2.1.1.1 Liens simples inclus

Un lien simple a toujours comme origine la ressource du lien. il est donc inclus dans sa ressource et matérialise le « point de départ » du lien. C'est un lien unidirectionnel n'ayant qu'une seule cible.
Voici une déclaration complète d'un lien simple inclus :

```
<!ELEMENT lk-simple EMPTY!>
<!ATTLIST lk-simple
      xml:link CDATA #FIXED 'simple'
      href CDATA #REQUIRED
          inline (true | false) 'true'
          role CDATA #IMPLIED
          title CDATA #IMPLIED
```

---

1. Hypermedia Time-based structuring language
2. Text Encoding Initiative

```
content-role CDATA #IMPLIED
content-title CDATA #IMPLIED
show (embed | replace | new) #IMPLIED
actuate (auto | user) #IMPLIED
behavior CDATA #IMPLIED
>
```

Certains attributs d'un lien simple spécifient la cible du lien, caractérisent cette cible et la ressource origine et indiquent quelle doit être la sémantique du lien lui même vis-à-vis de l'application qui l'exploite.

Le rôle et le titre de la cible peuvent être exprimés comme valeurs des attributs *role* et *title*. Ces deux attributs sont optionnels.

L'attribut *role* permet de typer les liens en fonction du rôle qu'a la cible par rapport à la ressource origine, fournissant ainsi à l'application une information beaucoup plus détaillée sur les liens que leur simple direction. Par exemple certains liens peuvent conduire au terme d'un glossaire, d'autres peuvent renvoyer vers les sources bibliographiques ou vers des illustrations, d'autres peuvent pointer vers l'information de copyright d'une ressource (comme l'information sur une version), etc. Sa valeur doit être une référence d'URI[3] et doit être interprétée par l'application. On pourra ainsi définir des rôles tels que « exemple », « code source », « prix », « auteur », « CV d'un auteur », « note de bas de page », « référence bibliographique », ainsi que les différents types de liens qui ont été définis au §??. Si l'application est un navigateur, on pourra par exemple définir une feuille de style ne matérialisant à l'utilisateur que les liens ayant un certain rôle.

L'attribut *title* permet éventuellement d'associer une légende à la cible visée par le lien.

Le rôle et le titre de ressource origine du lien peuvent être exprimés

---

3. Acronyme de Uniform Resource Identifier (identifiant uniforme de ressource) : c'est le protocole mis en place pour le World Wide web qui normalise la syntaxe de chaînes de caractères identifiant n'importe quelle ressource par type ou par emplacement.

comme valeurs des attributs ***content-role*** et ***content-title***. Ces deux attributs sont optionnels [Michard, 1998].

2.1.1.2 Liens étendus

Les liens étendus associent un nombre arbitraire de ressources. Ils peuvent être bi-directionnels, multi-directionnels, mais aussi inclus ou exclus. Si le lien étendu est inclus, la ressource dans laquelle est défini le lien joue le rôle d'origine, et si le lien étendu est exclu, la ressource dans laquelle est défini le lien ne joue aucun rôle particulier dans le lien.

L'intérêt des liens étendus est qu'ils peuvent lier plusieurs ressources sans qu'elles le sachent. Les liens sont en fait stockés dans un autre document. Ces liens sont donc très utiles pour permettre une mise à jour souple et simple des liens entre les ressources, sans avoir à les modifier. Ainsi, si des ressources migrent, seul le fichier contenant les liens exclus a besoin d'être modifié, et si les ressources sont en lecture seule ou inaccessibles, les liens permettent quand-même de les lier.

Voici un exemple de déclaration de lien étendu :

```
<!ELEMENT lk-etendu  (cible)+ >
<!ATTLIST lk-etendu
        xml:link CDATA #FIXED "extended"
        inline (true | false) 'true'
        role CDATA #IMPLIED
        content-role CDATA #IMPLIED
        content-title CDATA #IMPLIED
>
<!ELEMENT cible EMPTY >
<!ATTLIST cible
        xml:link CDATA #FIXED "locator"
        href CDATA #REQUIRED
        role CDATA #IMPLIED
        title CDATA #IMPLIED
```

```
show (embed | replace | new) #IMPLIED
actuate (auto | user) #IMPLIED
behavior CDATA #IMPLIED
>
```

Les attributs **role**, **content-role** et **content-title** peuvent être définis également comme ceux des liens simples [Michard, 1998].

Malheureusement, aucun navigateur à ma connaissance n'implémente actuellement les normes Xlink et Xpointer. D'autre part, nous avons déjà montré en §1.5 l'insuffisance de l'attribut **role** pour expliciter la relation sémantique entre le contexte appelant et le contexte appelé.

2.1.2   Qu'est ce qu'une ontologie

Cette section a pour objet de présenter la notion d'ontologie à travers quelques définitions rencontrées dans la littérature.

L'ontologie a une longue histoire en philosophie, dans laquelle elle se rapporte au sujet de l'existence. Elle est, depuis 1990, employée dans de nombreux travaux dans le domaine de l'organisation des connaissances : en ingénierie des connaissances et plus largement en intelligence artificielle, dans le web sémantique, dans le traitement automatique des langues, etc.

Dans le contexte de partage de connaissances, le terme ontologie selon [GRUBER, 1993] signifie une spécification partagée d'une conceptualisation. C'est-à-dire qu'une ontologie est une description (comme des spécifications formelles d'un programme) des concepts et des relations qui peuvent exister pour un agent ou une communauté d'agents.

[Charlet *et al.*, 2003] proposent les définitions suivantes de ce qu'est une ontologie :

« *une ontologie implique ou comprend une certaine vue du monde par rapport à un domaine donné. Cette vue est souvent conçue comme un ensemble de concepts. e.g. entités, attributs, processus, leurs définitions et leurs interrelations. On appelle cela une conceptualisation. »*

[...]

*« Une ontologie peut prendre différentes formes mais elle inclura né-
cessairement un vocabulaire de termes et une spécification de leur signification. »*

[...]

*« Une ontologie est une spécification rendant partiellement compte
d'une conceptualisation. »*

L'ontologie sert de squelette à la représentation des connaissances
d'un domaine en ce sens qu'elle représente les concepts, les caractéristiques qui leur sont attachées et la façon dont les concepts peuvent se
combiner pour constituer des connaissances complètes du domaine, ou
autrement dit les relations entre concepts.

Selon ces définitions, une ontologie doit posséder au moins les compo-
santes suivantes :

- des concepts : un concept peut être un objet concret ou abstrait,
  qui apparaît dans le domaine à modéliser.

- des propriétés : une propriété est une caractéristique attachée au
  concept.

- des relations : il existe plusieurs types de relations entre concepts.
  La relation de subsomption « est-un » définit un lien de généralisation - i.e. hyperonymie - entre concepts et est utilisée pour structurer les ontologies. La relation de composition « fait partie de »- i.e.
  méronymie - est utilisée pour définir des liens de composition entre
  concepts. Il existe aussi bien d'autres types de relations reliant les
  concepts et qui sont utilisées pour construire des représentations
  conceptuelles complexes qui vont être autant de connaissances nécessaires au système que l'on construit.

Dans la section suivante, nous décrivons les langages qui permettent
d'annoter des ressources du web (RDF) et de définir des vocabulaires
d'annotations (RDFS). Nous présentons aussi brièvement les langages

OIL, DAML, DAML+OIL et OWL qui a été retenu par le W3C comme langage de représentation d'ontologie. Nous mettons plus l'accent sur les langages RDF et RDFS parce que nous utilisons le premier pour exprimer des connaissances sémantiques sur les contextes appelants et appelés ainsi que sur la relation entre les deux contextes matérialisée par le lien, et le deuxième pour la représentation de l'ontologie et ce pour des raisons de simplicité.

2.1.3 Représentation des connaissances sur le web

Dans le web actuel, les machines ne sont pas capables d'interpréter l'information et ne fournissent donc que des outils de localisation, de transfert, de mise en forme et de présentation. Seuls les humains peuvent réellement utiliser l'information disponible sur le web. Le web sémantique apparaît comme une évolution majeure du web [Berners-Lee, 1999] ; [Berners-Lee et al., 2001]. Dans le web sémantique, l'information a une représentation sémantique formelle, ce qui permet de la rendre accessible et manipulable par les machines. Le web sémantique repose sur des ontologies, pour permettre la recherche et l'échange de l'information, et sur des annotations sémantiques, pour représenter le contenu des ressources, et sur des langages de représentations de connaissances permettant de représenter formellement les ontologies et les annotations.

Différents langages de représentation des connaissances adaptés au web ont été créés. Les premiers, comme SHOE [Luke et al., 1997] et Ontobroker [Fensel et al., 1998] sont des extensions de HTML permettant aux auteurs des pages web d'annoter leurs pages avec des métadonnées permettant une recherche d'information guidée par le contenu sémantique des pages web.

Le W3C a adopté le langage RDF (Ressource Description Framework) comme un des formalismes standard émergeant de la représentation de connaissances et de l'échange de métadonnées sur le web [RDF, 2002]. L'échange de données RDF sur le web a conduit à l'utilisation de la syntaxe XML pour le modèle, XML qui constitue déjà un standard du W3C.

Une description RDF consiste en un ensemble de déclarations spécifiant chacune la valeur d'une propriété d'une ressource. L'entité élémentaire du modèle RDF est donc un triplet [sujet, prédicat, objet] qui représente une description (ou méta-donnée) sur la ressource.

- Sujet est la ressource que l'on veut décrire
- Prédicat est une propriété de la ressource
- Objet est la valeur pour la propriété

Alors, on dit que le sujet a une propriété nommée prédicat avec la valeur objet. Ressource est tout objet du monde réel : une personne, un objet matériel, un concept etc. Une ressource peut être une page web (identifiée par son URI) ou une partie de page (identifiée par une (des) balise(s)). Les propriétés couvrent les notions d'attributs, relations ou aspect et servent à décrire une caractéristique d'une ressource en précisant sa valeur. La valeur peut prendre plusieurs formes : Une chaîne de caractères (littérale), une ressource spécifiée par référence d'URI. RDF n'impose pas de propriétés prédéfinies, alors qu'il fournit un langage de schéma facultatif pour définir nos propres propriétés. On utilise souvent les propriétés prescrites par Dublin Core.

Un ensemble de déclarations RDF peut être représenté par un multigraphe orienté étiqueté, où les élément apparaissant comme sujet ou objet sont les sommets, et chaque triplet est représenté par un arc d'origine son sujet et de destination son objet, cet arc est étiqueté par la propriété de la ressource.

La figure 2.1 présente un exemple de description RDF dans sa syntaxe graphique et sa sérialisation en XML, c'est-à-dire la représentation du graphe dans la syntaxe XML conformément à [RDF, 2002]. Il s'agit d'une annotation décrivant la ressource RFAI, équipe du laboratoire LI dont l'activité est la recherche.

Pour décrire n'importe quel type de connaissances à l'aide de ce formalisme, on doit d'abord décrire en RDF le modèle sémantique à utili-

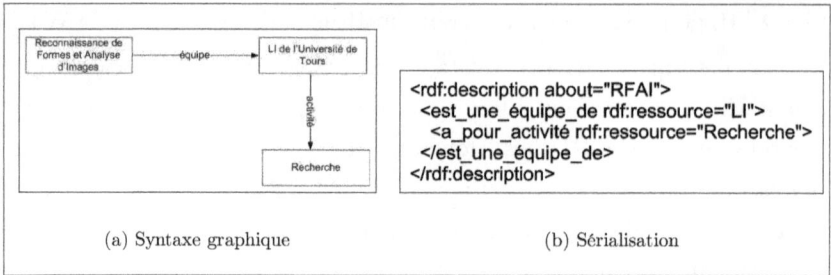

```
<rdf:description about="RFAI">
  <est_une_équipe_de rdf:ressource="LI">
    <a_pour_activité rdf:ressource="Recherche">
  </est_une_équipe_de>
</rdf:description>
```

(a) Syntaxe graphique   (b) Sérialisation

FIGURE 2.1 – *Un exemple d'annotation RDF : syntaxe graphique et sérialisation XML*

ser. Par exemple, pour décrire des connaissances en terme de concepts et de relations hiérarchisées, l'introduction des types « concepts » et « relations » et des propriétés de subsomption et d'instanciation est nécessaire. RDF SCHEMA (RDF(S)) a été ajouté au RDF, c'est un schéma de base définissant les primitives sémantiques généralement utilisées. La figure 2.2 montre les primitives incluses dans le RDFS. Les concepts et relations sont déclarés dans un document RDFS comme instances de *Class* et de *Property*. Les propriétés *subClassOf* et *subPropertyOf* permettent de définir des hiérarchies de classes et des hiérarchies de relations. Les hiérarchies de classes et de relations autorisent toutes deux l'héritage multiple. Les propriétés *range* et *domain* permettent de définir les domaines et co-domaines (domaines de valeurs) des ressources de type *Property*. Dans la version du langage [RDF, 2002], la signature d'une propriété autorise un domaine à valeur unique : une propriété peut être appliquée à différentes classes mais sa valeur n'appartient qu'à une seule classe, à la différence de DAML+OIL où la valeur d'une propriété peut appartenir à plusieurs classes. La propriété *type* permet de représenter la relation d'instanciation entre ressources et classes : une ressource r de *type* C appartient à l'ensemble des individus représentés par C. Les propriétés *subClassOf* et *subPropertyOf* représentent les relations de subsomption qui permettent d'organiser les classes et les propriétés RDF en hiérarchies : une classe C subsume une classe D si C est plus générale que D, i.e. l'ensemble des

66

ressources de type C contient l'ensemble de ressources de type D.

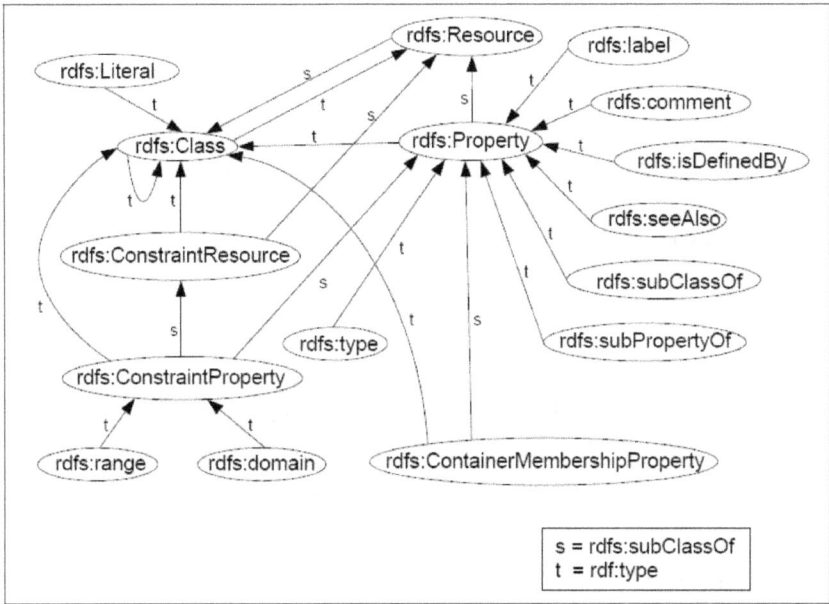

FIGURE 2.2 – *Le schéma RDFS*

Une fois le schéma RDFS stocké sur le web, les primitives qui y sont décrites peuvent être utilisées dans une page si on y inclut une référence à l'URI du schéma. Une application nécessitant l'accès à la sémantique de la page utilisera alors le schéma d'interprétation. Le RDFS n'est cependant pas un langage opérationnel de représentation, au sens où il ne permet pas la représentation des axiomes et leur utilisation pour raisonner. Des extensions ont été proposées afin de pallier cette lacune. Ces extensions tendent à représenter les axiomes (règles) et définir des classes et des propriétés en introduisant d'autres classes et/ou propriétés.

Le langage RDFS a été enrichi par l'apport du langage OIL (Ontology Interchange Language) qui permet d'exprimer une sémantique à travers le modèle des frames tout en utilisant la syntaxe de RDFS. OIL offre de nouvelles primitives permettant de définir des classes à l'aide de

67

mécanismes ensemblistes issus des logiques de description (intersection de classes, union de classes, complémentaire d'une classe). Il permet également d'affiner les propriétés de RDFS en en contraignant la cardinalité ou en en restreignant la portée.

Le langage DAML (DARPA Agent Markup Language) est développé comme une extension du XML et du Resource Description Framework (RDF). Il offre les primitives usuelles d'une représentation à base de frames et utilise la syntaxe RDF. Par rapport à RDFS, DAML fournit un ensemble supplémentaire de primitives utiles pour décrire des classes et des propriétés. La liste de ces primitives et leurs sémantiques formelles sont données dans [DAML, 2000].

Le langage OIL a été fusionné avec le langage DAML pour former le DAML+OIL. L'intégration de OIL rend possible les inférences compatibles avec les logiques de description, essentiellement les calculs des liens de subsomption.

La combinaison de RDF/RDFS et de DAML+OIL a permis l'émergence d'un langage standard de représentation de connaissances pour le web, OWL qui a été retenu par le W3C comme un langage de représentation d'ontologies. Cependant, si OWL offre la possibilité d'exprimer différentes sortes de propriétés conceptuelles (restrictions de propriétés, axiomes de classes, cardinalités, etc), il ne permet pas encore de représenter tout type d'axiome dans une ontologie. D'autre part, OWL n'est pas un langage opérationnel en soi car il n'offre pas de mécanisme permettant le raisonnement, même s'il peut servir de format d'échange de représentations conceptuelles de connaissances entre des systèmes qui eux permettent le raisonnement.basés sur les logiques de description).

OWL se décompose en trois sous-langages, qui correspondent à différents niveaux de calculabilité et de complexité : OWL Lite, OWL DL, OWL Full.

A terme, OWL est amené à voir son expressivité augmenter, et devra devenir un véritable langage opérationnel pour permettre l'émer-

gence d'un web sémantique conforme aux ambitions proposées par T.
BERNERS-LEE. L'architecture en couches d'un tel langage est résumée
dans le dessin de la figure 2.3, tirée de [Patel-Schneider et Fensel, 2002]
et originellement proposée par T. BERNERS-LEE, où la représentation
des ontologies apparaît comme l'objectif immédiat d'un processus qui
conduira à la construction d'un web incluant non seulement une énorme
quantité d'informations, mais également tous les mécanismes permettant
d'accéder à cette information et de l'exploiter [FURST, 2004].

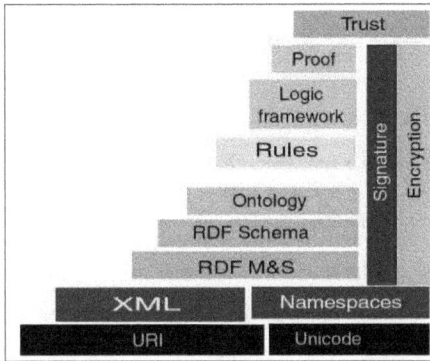

FIGURE 2.3 – *Les couches du web sémantique*

2.2   Treillis de Galois

Le treillis de Galois, ou encore treillis de concepts, faisait l'objet des
premiers travaux formels en théorie des graphes et des structures ordon-
nées [Birkhoff, 1967] ; [Davey et Priestlay, 1991]. Les travaux de Wille
[Wille, 1982] de Duquenne [Duquenne, 1999] ;[Guigues et Duquenne, 1986],
de Ganter [Ganter, 1999] ont permis de montrer l'utilité de cette structure pour l'analyse de données et la classification : la structure de treillis,
basée sur la notion de concept, permet de décrire les données dans toute
leur complexité et leur diversité.

Les techniques de classification basées sur le treillis de Galois ont fait l'objet d'études comparatives dans [Mephu Nguifo et Njiwoua, 2005]. De par les expérimentations pratiques qui y sont comparées, il y apparaît clairement que les treillis de Galois offrent un cadre intéressent en classification, malgré une complexité théorique exponentielle dans le pire des cas, mais polynomiale en pratique.

Dans la section 2.2.1, une définition plus formelle du treillis de concepts est donnée. Ensuite, dans la section 2.2.2, nous décrivons l'apprentissage des données, étape qui comprend la discrétisation et la construction du treillis de Galois. Enfin, nous décrivons dans la section 2.2.3 comment nous avons utilisé les treillis de Galois pour faire de la classification.

2.2.1   Treillis de Galois : une représentation de connaissances

Un treillis de concepts se définit à partir d'une table discrétisée, appelée *contexte formel*, par l'analyse formelle de concepts [Wille, 1982]. Un contexte formel $C = (G, M, R)$ est la donnée d'un ensemble G (ensemble d'objets), d'un ensemble M (ensemble d'attributs) et d'une relation d'incidence R entre G et M. Afin d'exprimer qu'un objet g est en relation avec un attribut m, nous écrivons gRm : « l'objet g a l'attribut m ». Pour un ensemble $A \subseteq G$ d'objets, on définit l'ensemble $f(A)$, l'ensemble maximal des attributs communs aux objets de A. Egalement, pour un ensemble $B \subseteq M$ d'attributs, on définit $g(B)$ l'ensemble maximal de tous les objets communs aux attributs de B :

$$f(A) \;=\; \{m \in M \mid gRm \;\; \forall\, g \in A\} \tag{2.1}$$

$$g(B) \;=\; \{g \in G \mid gRm \;\; \forall\, m \in B\} \tag{2.2}$$

Les deux fonctions f et g définies entre objets et attributs forment ce qu'on appelle la *correspondance de Galois*.

Un *concept formel* du contexte (G, M, I) est un couple (A, B) avec $A \subseteq G$ un sous-ensemble d'objets, $B \subseteq M$ un sous-ensemble d'attributs t.q. $f(A) = B$ et $A = g(B)$. Pour un contexte formel C, on désigne l'ensemble de tous les concepts par $\beta(C)$. Soit $\leq$ une relation d'ordre (c-à-d réflexive, antisymétrique et transitive) définie sur $\beta(C)$ par : $\forall (A_1, B_1)$ et $(A_2, B_2) \in \beta(C)$ deux concepts,

$$(A_1, B_1) \leq (A_2, B_2) \; ssi \; B_1 \subseteq B_2 (\text{équivalent à } A_2 \subseteq A_1) \tag{2.3}$$

On dénote la relation irréflexive associée à $\leq$ par $\prec$. L'ordre $\leq$ sur $\beta(C)$ est la fermeture transitive de la relation de couverture $\prec$ sur $\beta(C)$ défini par $(A_1, B_1) \prec (A_2, B_2)$ si $(A_1, B_1) < (A_2, B_2)$ et il n'existe aucun concept (A_3, B_3) tel que $(A_1, B_1) < (A_3, B_3) < (A_2, B_2)$. L'ensemble $\beta(C)$ muni de la relation $\leq$ est un treillis appelé treillis de concept (également appelé treillis de Galois) $(\beta(C), \leq)$ du contexte formel $C = (G, M, I)$. Lorsque $\beta(C)$ est muni de la relation de couverture $\prec$, $(\beta(C), \prec)$ est le diagramme de Hasse[4] du treillis de concept. La Figure 2.4 représente un contexte C et son treillis de concept représenté par son diagramme de Hasse.

2.2.2 Apprentissage

La phase d'apprentissage consiste à construire le treillis de Galois à partir d'un tableau binaire (contexte formel). Dans notre cas, comme nous le verrons dans la section 4.1.3 du chapitre 4, les objets sont décrits par des vecteurs numériques extraits à partir de contextes appelés par les liens. L'apprentissage se décompose en deux étapes :

- Une étape de discrétisation des données numériques où les données sont réparties dans des intervalles disjoints. Dans la section 2.2.2.1, nous décrivons quelques méthodes de discrétisation parmi les plus utilisées et pouvant s'appliquer à notre problématique.

- Une étape de construction du treillis à partir des données discrétisées. Dans la section 2.2.2.2, nous décrivons un algorithme de

---

4. Représentation d'une relation d'ordre sans ses relations de réflexivité et de transitivité

G \ M	1	2	3	4	5	6	7	8
P_1	X	X	X	X	X	X	X	
P_2	X	X	X	X	X	X		X
P_3	X	X	X	X	X		X	X
P_4	X	X	X	X		X		
P_5	X	X		X	X		X	
P_6	X	X	X		X			X
P_7	X		X		X	X		X

(a) Un contexte C

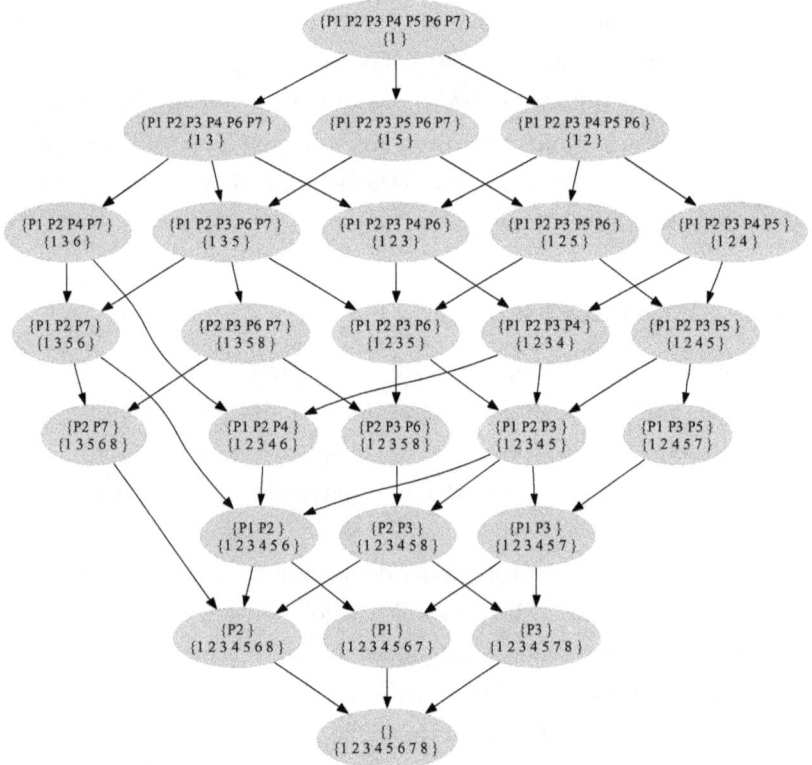

(b) Le diagramme de Hasse du treillis des concepts de C

72

FIGURE 2.4 – *Un contexte et son treillis des concepts*

construction des treillis de Galois.

2.2.2.1 Quelques méthodes de discrétisation

Etant donné la table de données numériques $\{o_{i_j}\}_{1 \leq i \leq n; 1 \leq j \leq m}$ où n est le nombre d'objets, m est le nombre d'attributs ordonnés et $\{o_i\}_{1 \leq i \leq n}$ est l'ensemble d'objets où chaque objet appartient à une classe de l'ensemble $\{c_i\}_{1 \leq i \leq nbClasses}$ des classes.

La discrétisation consiste à organiser les données numériques $p(o_{i_j})$, $1 \leq i \leq n, 1 \leq j \leq m$ en intervalles discrets afin d'obtenir une caractérisation spécifique de chaque classe d'objets. Notons que cette phase est très importante pour l'efficacité de la classification avec les treillis de Galois.

La méthode des amplitudes égales
A partir du minimum global a et du maximum global b des valeurs d'un attribut de rang j, on calcule les bornes des intervalles à l'aide d'une progression arithmétique de raison $k = \frac{(b-a)}{n}$:

Intervalle 1 : $a \rightarrow a + k$
Intervalle 2 : $a + k \rightarrow a + (2 * k)$
Intervalle n : $a + (n - 1) * k \rightarrow b$

L'avantage de cette méthode est qu'elle est simple et facile d'exécution. Un inconvénient majeur est que, d'un côté, quelques intervalles peuvent ne comprendre aucune valeur de l'attribut, et, d'un autre côté, certains intervalles peuvent avoir une concentration des valeurs de l'attribut.

La méthode des moyennes emboîtées
Elle repose sur la notion de moyenne considérée comme le centre de gravité de l'attribut. La moyenne arithmétique sépare l'attribut de départ en deux intervalles. Chaque sous-intervalle peut faire l'objet d'un calcul

73

de moyenne, ce qui divise la distribution en 4 intervalles, etc. L'avantage de cette méthode est qu'elle est facile à mettre en œuvre. Cependant, elle contraint à définir un nombre d'intervalles pair.

Ainsi, ces méthodes supposent de choisir à l'avance un nombre d'intervalles. Elles nécessitent, en outre, de faire une hypothèse sur la distribution des valeurs des attributs ; ce qui implique la réalisation d'une étude préalable sur les données. D'autre part, nous pouvons signaler que, même si on choisit le nombre d'intervalles que l'on désire pour chaque attribut, aucune information sur les classes n'est intégrée pour faire le découpage, c'est un découpage non supervisé.

La discrétisation par sélection et coupure d'intervalles

La méthode commence par regrouper les valeurs de chaque attribut dans un seul intervalle : pour l'attribut de rang j,

$I_j = [min\{o_{i_j}\}_{1 \leq i \leq n}, max\{o_{i_j}\}_{1 \leq i \leq n}]$.

Au départ, la valeur de l'attribut de rang j de chaque objet o_i appartient à I_j, on dit que o_i est en relation avec I_j, et la classe c de o_i est en relation avec l'intervalle I_j. o_i est, au départ, en relation avec tous les intervalles $\{I_j\}_{1 \leq j \leq m}$. Si $\{x_i\}_{1 \leq i \leq k; k \leq n}$ l'ensemble de tous les objets de la classe c, et si Int_i l'ensemble des intervalles en relation avec l'objet x_i alors $Int_1 + \ldots + Int_k$ sera l'ensemble des intervalles en relation avec la classe c.

La méthode consiste à couper itérativement les intervalles jusqu'à ce que chaque classe se distingue de toutes les autres. A chaque itération on sélectionne un intervalle I et un point de coupe v_j parmi les valeurs $\{v_1, v_2, ..., v_k\}$, triées par ordre croissant, de l'intervalle I. I étant de borne inférieure et supérieure respectivement v_1 et v_k. I sera ensuite découpé en deux intervalles $[v_1, ..., v_j]$ et $[v_{j+1}, ..., v_k]$. Chaque objet o_i est en relation avec un des deux intervalles créés.

La sélection d'intervalles dépend d'un critère à définir. Quand la procédure de découpage s'arrête, on obtient une table discrétisée : $\{o_i\}_{1 \leq i \leq n}$

ensemble d'objets, et $Inter_1 + Inter_2 + ... + Inter_j$ ensemble des intervalles avec $Inter_j$ les intervalles de l'attribut de rang j, $j = 1 \ldots m$. Quant à un intervalle de départ I_i qui n'a pas subi aucune coupure, I_i est en relation avec toutes les classes, ainsi il n'est pas discriminant et il convient de l'éliminer de la table discrétisée. Par conséquent, une nouvelle table discrétisée est obtenue, elle sera utilisée par la suite pour la construction du treillis de Galois.

Critères de coupure : De nombreux critères permettent de sélectionner l'intervalle à diviser et son point de coupure. Il faudra rechercher un intervalle $I = [v_1, \ldots, v_n]$ ($\{v_1, \ldots, v_n\}$ sont triées par ordre croissant) dans l'ensemble des intervalles et un point de coupure $v_j \in \{v_1, \ldots, v_n\}$ qui maximise un critère. L'intervalle I sera divisé en deux intervalles. Différents critères de coupure peuvent être définis, nous présentons ici trois critères de coupure :

Distance maximale : $distance(v_j) = v_{j-1} - v_j$.

Entropie : $gain_E(v_j) = E(V_x) - (\frac{j}{n}E(v_1 \ldots v_j) + \frac{n-j}{n}E(v_{j+1} \ldots v_n))$ avec $E(V) = -\sum_{k=1}^{|C(V)|} \frac{n_k}{n} \log_2(\frac{n_k}{n})$ la mesure d'entropie d'un intervalle de n valeurs où n_k est le nombre d'éléments de la classe k de l'intervalle et $C(V)$ l'ensemble des classes en relation avec l'intervalle V.

Cœfficient de Hotelling :

$gain_H(v_j) = H(V_x) - (\frac{j}{n}H(v_1 \ldots v_j) + \frac{n-j}{n}H(v_{j+1} \ldots v_n))$

avec $H(V) = \frac{VarB(V)}{VarW(V)}$ la mesure de Hotelling d'un intervalle V de n valeurs, avec n_k le nombre d'éléments de la classe k, g_k le centre de gravité de la classe k, g le centre de gravité l'intervalle V, v_{k_i} le i^e élément de la classe k,

$$VarB(V) = \frac{1}{n} \sum_{k=1}^{|C(V)|} n_k(g_k - g)^2 \qquad (2.4)$$

la mesure de la variance inter - classe, et enfin

$$VarW(V) = \frac{1}{n} \sum_{k=1}^{|C(V)|} n_k(\sum_{i=1}^{n_k} (v_{k_i} - g_k)^2) \qquad (2.5)$$

75

la mesure de la variance intra - classe.

Le critère de distance maximale consiste à sélectionner l'intervalle dont l'écart entre deux valeurs consécutifs v_{j-1}, v_j est maximale. C'est un critère non supervisé, il est possible que la coupe de l'intervalle soit faite entre deux objets de la même classe. Il peut donc entraîner un très grand nombre de découpes.

Le critère de Hotelling, quant à lui, sélectionne l'intervalle qui maximise la distance entre les classes et minimise l'éparpillement au sein des classes. Il prend ainsi en compte l'organisation des classes et les distances qui les séparent [Guillas et al., 2006].

De précédentes études comparatives ont montré que ce critère donnait de meilleurs résultats que l'entropie et la distance maximale. D'autre part, contrairement aux méthodes précédentes, il ne nécessite pas de fournir un nombre d'intervalles de départ et permet de faire une sélection sur les attributs. Dans nos expérimentations, nous avons utilisé le critère de Hoteling.

La discrétisation C4.5
L'algorithme d'induction des arbres de décision C4.5 peut aussi être utilisé comme une méthode de discrétisation. Dans ce sens, C4.5 est d'abord appliqué sur chaque attribut quantitatif séparément. Les valeurs de l'attribut à discrétiser sont classés par ordre croissant $\{x_1, \ldots, x_k\}$. Ensuite les points de discrétisation possibles sont calculés, entre chaque paire de valeurs x_i et x_{i+1} il y a un point qui est définit comme $d = \frac{x_i + x_{i+1}}{2}$. Il y a $(k-1)$ points possibles. Ensuite, le point de discrétisation retenu est celui qui maximise le gain-ratio, une métrique basée sur l'entropie.

2.2.2.2 Construction du treillis de Galois selon le système GA-LOIS

Différentes méthodes de construction du treillis de Galois existent dans la littérature. [Mephu Nguifo et Njiwoua, 2005] ont fait des études comparatives des méthodes de construction du treillis et de techniques de classification qui sont basées sur les treillis ainsi que de leurs complexités. Nous avons choisi de programmer le système GALOIS développé par Carpineto et Romano [Carpineto et Romano, 1993]. Nous présentons dans cette section la phase d'apprentissage et la complexité algorithmique du système GALOIS.

Carpineto et Romano caractérisent les nœuds du treillis (les concepts) uniquement par leur intension (ensemble des attributs du concept), c'est-à-dire les concepts $\{O_i, A_i\}$ seront désignés par A_i. Pour la construction du treillis, ils se sont basés sur le théorème fondamental de l'analyse formelle de concepts [Wille, 1982] qui suppose que si $\{O_i, A_i\}$ est la borne supérieure des deux concepts $\{O_j, A_j\}$ et $\{O_l, A_l\}$ alors $A_i = A_j \bigcap A_l$.

Avant de détailler la méthode, nous donnons ici quelques précisions. Nous disposons d'un tableau binaire (exemple voir la figure 2.4 (a)) autrement dit concept formel dont les lignes représentent les exemples de l'ensemble d'apprentissage et les colonnes représentent les attributs. Les concepts issus de l'intersection de concepts du treillis et d'exemples sont appelés « des intersections ». Concept, exemple et intersection désignent tous la même chose, un ensemble d'attributs. Nous utilisons les termes « fils » et « père » pour désigner la relation entre un concept et sa borne supérieure.

Selon le système GALOIS, la construction du treillis se fait d'une façon incrémentale en utilisant l'approche ascendante. Au début, le treillis ne contient qu'un concept, celui contenant tous les attributs, autrement dit, le « fils universel ». L'algoritthme de construction proposé par Carpineto et Romano consiste à prendre les exemples un à un pour en insérer des informations dans le treillis. Chaque exemple est comparé avec tous les concepts du treillis. Cette comparaison se fait sous la forme d'une intersection. L'intersection d'un concept et d'un exemple est le concept contenant les attributs communs à ses deux entités. Cette intersection est ensuite comparée à tous les pères immédiats du concept considéré, quatre cas se présentent alors :

1. L'intersection est incluse dans l'un des pères. Dans ce cas, les informations du concept seront traitées lorsque l'on considérera ces pères, on ne fait donc rien.

2. L'intersection est égale à l'un des pères. On ne fait rien car le concept « intersection » est déjà présent dans le treillis.

3. L'un des pères du concept est inclus dans l'intersection. On insère l'intersection comme borne supérieure du concept et de l'exemple. (Nous verrons plus tard que certains cas particuliers peuvent se présenter).

4. L'intersection n'est comparable à aucun des pères du concept. Comme pour le cas précédent, on insère l'intersection comme borne supérieure du concept et de l'exemple.

Remarque : Pour les règles 3 et 4, si l'intersection est égale à l'exemple lui-même, on insère l'exemple comme père du concept considéré.

Soient o_{k+1} le nouvel exemple à insérer dans le treillis L^k, A_i un concept, A_j un concept père de A_i et $Z = f(o_{k+1}) \bigcap A_i$. L'algorithme 1 décrit la mise à jour du treillis.

La figure 2.5 présente les quatre premières étapes de la construction du treillis du contexte formel présent dans la figure 2.4 (a).

Complexité

La complexité de la mise à jour des nœuds du treillis est en temps quadratique en fonction du nombre d'objets dans le treillis et exponentiel pour le nombre d'attributs.

Dans le pire des cas, la complexité en temps de GALOIS est égale à $O(3^m 2^m n)$ où m est le nombre d'attributs, et n est le nombre d'objets.

Nom : mise-à-jour(o_{k+1}, L^k)

Données: o_{k+1} : nouvel exemple à ajouter au treillis;

le treillis L^k;

Résultat: Treillis L^{k+1}

début

> $L^{k+1} := L^k$;
>
> EmptyCase := Vrai;
>
> **pour** $A_i \in L^k$ **faire**
>
>> $Z =: f(o_{k+1}) \bigcap A_i$;
>>
>> **si** $Z \neq \emptyset$ **alors**
>>
>>> EmptyCase := faux;
>>>
>>> Inserer := Vrai;
>>>
>>> **pour chaque** A_j *sur-concept de* A_i **faire**
>>>
>>>> **si** $A_j \supseteq Z$ **alors**
>>>>
>>>>> Inserer := faux;
>>>>
>>>> **sinon**
>>>>
>>>>> **si** $A_j \subset Z$ **alors**
>>>>>
>>>>>> Sortir de Pour chaque;
>>>
>>> **si** *Inserer = Vrai* **alors** $L^{k+1} = L^{k+1} \cup Z$;
>
> **si** *EmptyCase = Vrai* **alors**
>
>> $L^{k+1} = L^{k+1} \cup \{\} \cup f(o_{k+1})$;
>
> **retourner** $[L^{k+1}]$;

fin

Algorithm 1: *Algorithme de Carpineto et Romano*

(a) Etape 1

(b) Etape 2

(c) Etape 3

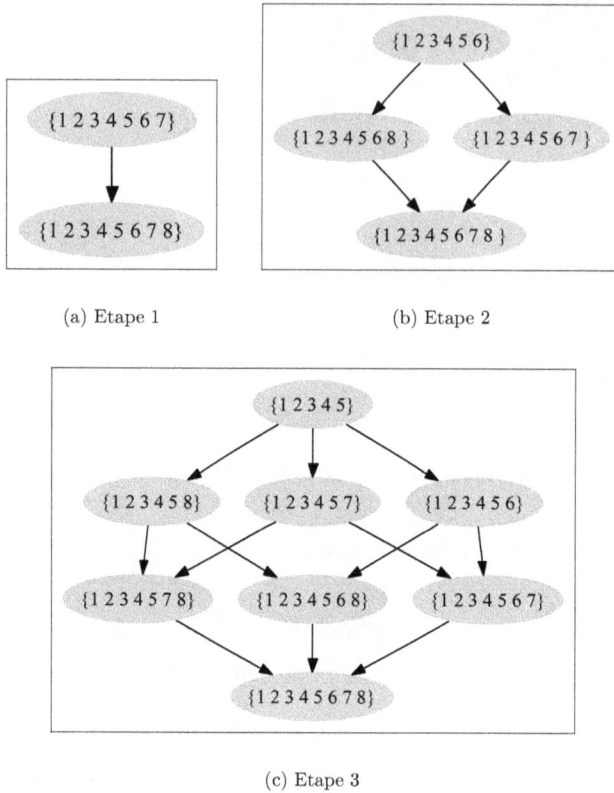

FIGURE 2.5 – *Les trois premières étapes de construction du treillis de Galois par l'algorithme de Carpineto et Romano*

2.2.3 Techniques de classification basées sur les treillis de Galois

Dans cette section, nous décrivons comment nous avons utilisé les treillis de Galois pour faire de la classification.

Etant donné un contexte formel (G, M, I), où chaque objet g de G est défini par un ensemble d'attributs binaire (les attributs de M en relation avec g) et possède la classe c dans un ensemble C de classes.

Il s'agit d'un problème de classification supervisée : G fait l'objet de l'ensemble d'apprentissage, chaque objet g de G possède l'ensemble de ses attributs dépendants (les attributs de M en relation avec g) et l'ensemble des attributs indépendants (les classes). Nous étudions ici le cas où chaque g de G appartient à une et une seule classe. Pour un objet $x \notin G$ à classer tel que x est défini par ses ensembles d'attributs dépendants, il s'agit maintenant de trouver la classe de C qui lui correspond en utilisant le treillis de Galois construit à partir de l'ensemble d'apprentissage.

M peut comprendre non seulement des attributs dépendants mais aussi des attributs qui précisent les classes ou attributs indépendants. Un attribut qui précise une classe c de C est l'attribut désignant l'appartenance ou non des objets de g de G à c.

Une fois le treillis de Galois correspondant au (G, M, I) construit, il peut être utilisé comme un espace de recherche permettant de rechercher des concepts pour classifier un objet x. En effet, deux techniques de classification sont présentées dans les deux sections suivantes.

2.2.3.1 Technique de classification basée sur l'exploration du treillis

Deux cas se présentent suivant que M comprend ou non les attributs qui précisent les classes.

- **cas 1** : cas où M comprend en plus des attributs dépendants l'ensemble des attributs qui précisent les classes. Les attributs de x sont placés en entrée du treillis, c'est-à-dire au concept le plus petit $(G, att(G))$(au sens de la relation $\leq$), $att(G)$ est généralement vide, puis on explore le treillis étape par étape jusqu'a qu'un concept (A, B) soit atteint. L'ensemble B d'attributs du concept atteint contient ou non un attribut qui précise une classe c_i, donc x sera ou non classé dans cette classe.

- **cas 2** : cas où M ne comprend pas l'ensemble d'attributs qui précisent les classes. Les attributs de x sont placés en entrée du treillis, puis on explore le treillis étape par étape jusqu'à atteindre un concept (A, B). On note les classes d'un concept (A, B) par $C(A, B)$ qui sont l'ensemble des classes des objets de A. Si $C(A, B) = \{c_i\}$, x sera classé dans c_i. Sinon, nous avons utilisé deux méthodes de décision. La première consiste à affecter à x la classe c_i de $C(A, B)$ tel que le nombre d'objets de A appartenant à c_i est le maximum, autrement dit la méthode du vote à la majorité, alors que la deuxième consiste à affecter à x la classe c_i de $C(A, B)$ tel que le rapport $\frac{nombre\ d'objet\ de\ A\ appartenant\ a\ c_i}{nombre\ d'objet\ de\ G\ appartenant\ a\ c_i}$ est maximal, autrement dit la méthode du vote au maximum de pourcentages des classes.

Dans les cas 1 et 2, une étape d'exploration consiste à passer d'un concept noté (A, B) origine de l'étape à un concept (A_1, B_1) destination de l'étape en se servant d'un attribut de x. $(G, att(G))$ est l'origine de la première étape d'exploration. (A, B) a fait l'objet du concept de destination de l'étape précédente d'exploration et (A_1, B_1) fera l'objet du concept d'origine de l'étape suivante d'exploration. Le concept destination (A_1, B_1) est un des successeurs immédiats de (A, B) tel que B_1 contient un attribut att_i de x, et tel que att_i n'a pas déjà servi pour aucune des étapes antérieures d'exploration. Dans le cas 2 l'exploration s'arrête lorsque (a) tous les attributs ont servi pour les étapes ou lorsque (b) à une étape donnée, à partir d'un concept origine de l'étape, aucun concept destination ne peut être trouvé. Dans le cas 1 l'exploration s'arrête lorsque la condition d'arrêt (a) ou la condition d'arrêt (b) sont satisfaites ou lorsque (c) à une étape donnée, le concept destination de l'étape contient un attribut de classe.

L'algorithme 4 de l'annexe 4.2.4 décrit la procédure de classification d'un objet x étant donné que M ensemble d'attributs comprend ceux qui précisent les classes, alors que l'algorithme 5 décrit la procédure de classification de x étant donné que M ne comprend pas les attributs qui précisent les classes. La complexité de l'exploration du treillis est dans le pire des cas $O(m.max_{i \in [1,m]} C_i^m)$ où m est le nombre d'attributs.

2.2.3.2 Technique de classification basée sur la recherche du plus petit concept contenant l'objet à classer

Comme au dessus, deux cas se présentent suivant que M comprend ou non les attributs qui précisent les classes.

- **cas 1** : cas où M comprend en plus des attributs dépendant l'ensemble des attributs qui précisent les classes. On cherche le plus petit concept (A, B) du treillis de Galois contenant les attributs de x. L'ensemble B d'attributs du concept trouvé contient ou non un attribut qui précise une classe c_i, donc x sera ou non classé dans cette classe.
- **cas 2** : cas où M ne comprend pas l'ensemble d'attributs qui précisent les classes. On cherche de même le plus petit concept (A, B) du treillis contenant les attributs de x. Si $C(A, B) = \{c_i\}$, x sera classé dans c_i. Sinon, nous avons les deux méthodes de décision, méthode du vote à la majorité et méthode du vote au maximum de pourcentages des classes.

L'algorithme 2 de l'annexe 4.2.4 décrit la procédure de classification d'un objet x étant donné que M ensemble d'attributs comprend ceux qui précisent les classes, alors que l'algorithme 3 décrit la procédure de classification de x étant donné que M ne comprend pas les attributs qui précisent les classes. La complexité de la recherche du plus petit concept contenant les attributs de x est dans le pire des cas $O(m - nbr\_att\_de\_x \times max_{i \in [nbr\_att\_de\_x, m]} C_i^m)$ où m est le nombre d'attributs.

2.3 Méthode des k-plus proches voisins

Parmi les méthodes de reconnaissance de formes les plus simples et intuitivement séduisantes, la méthode non-paramétrique des k-plus proches voisins (k-ppv) est une approche importante pour la classification et elle est largement utilisée. La première formulation d'une règle du plus proche voisin semble avoir été faite par [Fix, 1951].

A la différence des autres méthodes classiques de reconnaissance de formes, la méthode k-ppv ne nécessite pas une phase d'apprentissage. Les données restent telles quelles, elles sont simplement stockées en mémoire.

Pour classer un nouvel objet, la méthode *k-ppv* cherche les *k* plus proches voisins de ce nouvel objet et lui affecte généralement la classe la plus fréquente de ces *k* plus proches voisins. Dans le cas où parmi les k plus proches voisins, la classe la plus fréquente est unique, pas de problème au niveau de la décision. Mais parfois il y a égalité entre la fréquence de plusieurs classes les plus fréquentes. Plusieurs propositions ont été faites pour résoudre ce problème, comme par exemple limiter la valeur de *k*. Une autre solution est de pondérer chaque classe des k plus proches voisins en fonction de la distance de chaque objet avec le nouvel objet.

Deux paramètres sont nécessaires pour la méthode *k-ppv* : le nombre *k* et la fonction de similarité pour comparer le nouvel objet aux objets de l'ensemble d'apprentissage. Ces deux paramètres sont importants car des résultats très différents résultent de leur choix.

On utilise souvent la distance euclidienne (voire 2.6) pour le calcul de la similarité entre un nouvel objet x et un objet déjà classé y.

$$d(x, y) = \sqrt{\sum_{i=1}^{n} (x(i) - y(i))^2} \qquad (2.6)$$

Cette méthode a l'avantage de l'inexistence d'un temps pour l'apprentissage puisque les données de la base d'apprentissage sont stockées telles quelles. Mais elle souffre toutefois d'un temps de calcul de similarité assez important notamment lorsque la base d'apprentissage est importante puisqu'il faut comparer le nouvel objet à tous les objets de la base. Ainsi, diverses versions et améliorations de la méthode des k-ppv ont été proposées par beaucoup de chercheurs.

2.4 Le modèle TFIDF

Le TFIDF [Salton et McGill, 1986] ;[Salton et al., 1982] ;
[Salton et Buckley, 1987] est souvent utilisé dans la recherche d'information et dans le "text mining" pour représenter les poids de termes. Ce poids est une mesure statistique utilisée pour évaluer l'importance d'un mot dans un document présent dans une collection de documents ou corpus. Cette importance augmente proportionnellement au nombre de fois ou le mot apparaît dans le document mais elle est compensée par la fréquence du mot dans le corpus. Les moteurs de recherche utilisent souvent des variantes du poids TFIDF pour donner un score d'importance aux documents par rapport à une requête d'utilisateur, et ce en utilisant des mesures de similarité entre requête et documents représentés par les poids TFIDF de leurs termes.

Le modèle TFIDF ne traite pas avec des mots inutiles ou « mots vides », comme par exemple les articles définis et indéfinis, etc.

Nous allons maintenant présenter les modèles TF (Term Frequency) qui représente les poids des termes dans les pages elles-mêmes indépendamment des autres pages, et IDF (Inverse Document Frequency) qui représente une mesure de discrimination des termes.

2.4.1 TF

Le poids TF d'un terme t_i dans un document d_j donne la mesure d'importance de t_i dans d_j.

$$TF_{ij} = \frac{freq_{ij}}{max_k(freq_{kj})} \qquad (2.7)$$

85

où $freq_{ij}$ est le nombre d'occurrences de t_i dans d_j et $max_k(freq_{kj})$ est le nombre d'occurrences du terme le plus fréquent dans le document d_j.

Si 100 est la plus grande fréquence des termes dans un document d_j, et si le terme *cuisine* apparaît huit fois dans d_j, alors le poids TF du terme cuisine dans le document d_j est $\frac{8}{100} = 0,08$.

2.4.2 IDF

Le poids IDF est une mesure de la discrimination du terme t_i. La formule la plus répandue est la suivante :

$$IDF_i = log\left(\frac{N}{n_i}\right) \tag{2.8}$$

où N est le nombre total de documents dans le corpus, et n_i est le nombre de documents du corpus dans lesquels t_i apparaît.

Si le terme *cuisine* apparaît dans 1000 documents inclus dans un corpus de 10 000 000 documents, alors le poids IDF de *cuisine* est $log(0,0001)$.

Le poids TFIDF est le résultat de la multiplication du poids TF par le poids IDF :

$$TFIDF = TF \times IDF \tag{2.9}$$

Ainsi, pour le terme cuisine le poids TFIDF est $0,08 \times log(0,0001) = 0,32$

2.5 Caractérisation des pages basée sur les contextes des pages

Parfois, le contenu textuel des pages web est insuffisant pour décrire les pages. C'est le cas où le contenu des pages est constitué essentiellement d'éléments difficiles voire impossibles à caractériser (fichier de son, images, vidéo, ...) avec les technologies actuelles, et de peu de texte. Par conséquent, la méthode TFIDF (voir §2.4), ainsi que toutes les méthodes se basant sur le contenu textuel des pages elles-mêmes, ne sont pas pertinentes pour leur caractérisation.

On appelle *contexte d'une page web* l'ensemble des pages web qui pointent vers cette page. Ce contexte est constitué d'éléments dont chacun correspond à une information provenant d'une page pointant vers la page en question.

Pendant quelques années, de plus en plus d'applications du web ont pris en compte avec succès le contexte des pages web afin de les caractériser au lieu d'utiliser uniquement le contenu des pages web elles-mêmes. Quelques algorithmes utilisent à la fois le contenu des pages web elles-mêmes et leurs contextes [Page *et al.*, 1998], d'autres utilisent uniquement leurs contextes [Attardi *et al.*, 1998] ;[Frunkranz Austrian, 1998] pour la caractérisation.

Quelques travaux se sont intéressés à comprendre les raisons de ce succès.
[Chakrabarti *et al.*, 1998] considèrent à ce propos que l'information textuel autour d'un lien pointant vers une page est descriptif de la page. [Attardi *et al.*, 1998] font les deux hypothèses suivantes :

- Si un document source pointe vers un document cible, alors le contexte du lien dans le premier devrait être en relation avec le dernier.
- Le contexte d'une page est suffisant pour discriminer la page.

Ajoutons à cela que, si les auteurs des liens qui pointent vers le même document varient, cela constitue une richesse en informations sur le document en question, parce que ceux-ci peuvent avoir des interprétations différentes.

Les éléments du contexte de la page sont plus ou moins descriptifs de la page. Par exemple, considérons la page web de titre « La Société

Protectrice des Animaux » [5]. Un lien d'origine la page de titre « Animaux de compagnie, bête sauvage, Zoo » [6] pointe vers la première page. Ce lien est de texte d'ancre [7] « La Société Protectrice des Animaux (SPA) » qui caractérise bien la cible. Cependant, les éléments du contexte de la page ne sont pas toujours pertinents pour caractériser la page. Par exemple, si l'on considère les liens calculés par des automates, comme la plupart des liens de Wikipédia, ces liens ne caractérisent pas bien leurs cibles.

[Menczer, 2001] a proposé des définitions mathématiques pour formaliser les hypothèses de Attardi. [Davison, 2000] a montré la validité de la première hypothèse. Il a aussi montré la capacité de discrimination du texte de l'ancre. Davison rapporte que, dans la plupart des cas, le texte de l'ancre contient seulement le titre ou l'URL de la page cible.

[Amitay et Paris, 2000], réalisateurs du système InCommonSense, sont les pionniers de la caractérisation des pages à partir de contextes des pages. Le but de leur système est de proposer des parties de textes descriptives pour les URL en réponse à une requête dans les moteurs de recherche. Le contexte de chaque page est d'abord collecté par l'utilisation de la commande « link :URL de la page ». Ensuite, des parties de texte contenant les liens qui pointent vers la page en question, sont extraites et éventuellement un processus de filtrage choisit les parties les plus précises.

Les auteurs ont conduit une expérience sur 700 individus pour comparer les parties de texte générées par le système InCommonSense, aux parties de texte générées par Google et Altavista. Le but est d'évaluer « combien est-il facile de trouver l'information recherchée en regardant les parties de textes générées par différents systèmes ? ». Les auteurs rapportent que, en moyenne, les gens ont préféré le système InCommonSense. Cependant, le système souffre du processus de sélection des parties

---

5. http ://www.spa.asso.fr/
6. http ://www.apiguide.net/01touris/01animau/01animau.htm
7. Texte entouré par les balises <a> et </a>, <a href = " * "> $\underbrace{\text{texte}}_{\text{texte de l'ancre}}$ </a>

de texte qui l'empêche de caractériser les pages quand le contexte n'est pas assez large. En outre, [Delort *et al.*, 2003] rapportent que le système est conçu pour générer des parties de texte d'une seule phrase. Ils rapportent aussi qu'il y a deux spécificités importantes pour l'approche de « la caractérisation des pages à partir de leurs contextes » que le système ne prend pas en compte :

- Parfois, l'information portée par le contexte de la page est disponible dans une partie des éléments du contexte de la page. L'information portée par l'autre partie est incluse dans la première. Les éléments portant l'information doivent être collectés et le reste doit être supprimé. Cela permet de réduire la taille du contexte de la page.
- Parfois, certains éléments du contexte de la page ne fournissent aucune information sur la page. Donc, ceux-ci doivent être distingués de ceux qui fournissent d'information sur la page, et doivent ensuite être supprimés.

[Delort *et al.*, 2003] proposent donc un système qui prend en compte ces deux spécificités. Pour traiter la première spécificité, ils proposent une mesure d'inclusion entre les éléments du contexte, ainsi les éléments qui sont inclus dans d'autres sont supprimés. Pour traiter la deuxième spécificité, ils proposent deux solutions. La première se base sur le contenu textuel de la page que l'on cherche à caractériser en partant de l'hypothèse que celui-ci est suffisant pour la caractériser. Un indice de similarité est calculé entre chaque élément du contexte de la page et le contenu textuel de la page elle-même. Ensuite, les éléments satisfaisant les meilleurs mesures de similarité sont gardés.

Dans le cas où le contenu de la page n'est pas suffisant pour la caractériser, la première solution ne convient pas, ils proposent donc une deuxième solution. Ils partent de l'hypothèse que les éléments du contexte qui donnent de l'information sur la cible sont, les uns par rapport aux autres, plus proches que ceux qui ne donnent pas d'information sur la page cible. Ils proposent donc d'utiliser des méthodes de clusterisation hiérarchique pour regrouper les éléments les plus proches dans des clusters. Les clusters de petite taille seront ensuite supprimés. Ensuite, ils trient les éléments de chaque cluster par ordre décroissant de représentativité des clusters. La représentativité d'un élément pour un cluster dépend de la taille de l'élément et de sa distance par rapport au centre de gravité du cluster. Enfin, les éléments les plus représentatifs des clusters sont gardés.

Chapitre 3

Caractérisation des hyperliens à partir de leurs contextes

Dans ce chapitre, nous mettons en place une méthode originale de formalisation de la sémantique de liens hypertextes. Nous présentons d'abord la construction du corpus qui va servir comme base de test, ensuite la méthode de formalisation est présentée avec des exemples. L'extraction formelle de la sémantique donne lieu à une ontologie. Nous présentons une méthode de construction de l'ontologie, ensuite l'ontologie construite est présentée. Nous présentons enfin quelques exemples de représentation de la sémantique des liens par RDF, avant de terminer par la présentation de l'intérêt de l'extraction et de la formalisation de cette sémantique pour le web sémantique.

3.1 Constitution du corpus

Afin de tester la méthode de formalisation de la sémantique des liens, nous avons construit un corpus. La construction consiste à extraire un sous-ensemble du web, regroupant des pages ayant des critères utiles pour l'étude de la sémantique de liens hypertextes. Le thème retenu est les biographies de personnages célèbres. Nous présentons d'abord les critères de sélection des documents du corpus, ensuite les traitements préliminaires appliqués, et enfin les caractéristiques du corpus.

3.1.1 Critères de sélection

Les documents du corpus ont été sélectionnés par rapport à plusieurs critères qui nous ont paru utiles pour l'étude de la sémantique des liens hypertextes, ce que nous justifions dans les sections suivantes :

3.1.1.1 Sujet, langue et type de mise en page des documents

Notre corpus est constitué de documents traitant des biographies de personnages célèbres. Ce choix est dû à la richesse de ces documents en liens hypertextes, les auteurs les utilisent en effet pour rendre leurs sites plus attractifs et plus faciles à lire et pour les enrichir par des références à d'autres sites web.

Pour faciliter l'étude de la sémantique des liens hypertextes, le corpus a été limité aux pages écrites en français. Le domaine est peu spécialisé ne nécessitant pas d'experts du domaine.

Les documents du corpus sont des documents HTML, ce choix a été fait car la majorité des documents sur le web sont encore en format HTML, et pour permettre certains traitements dans le but d'étudier la sémantique des liens hypertextes.

3.1.1.2 Variétés des auteurs et de serveurs de documents

Les documents du corpus sont issus de serveurs différents (16 serveurs), les auteurs des biographies varient d'un serveur à un autre, certains serveurs sont particuliers et d'autres institutionnels. Les auteurs ont beaucoup de raisons différentes de poser des liens hypertextes dans leur propos, ceci constitue une richesse pour le corpus.

3.1.1.3 Liens natifs et répondant à des besoins variés

On entend par lien natif [Verley et Rousselle, 2000] un lien voulu par l'auteur, contrairement à un lien calculé par des automates comme, par exemple, ceux posés sur des noms propres sur certains sites des biographies pour les relier entre elles.

Les auteurs des sites posent des liens natifs dans leurs propos parce que l'usage des liens est une solution d'écriture qui correspond à des besoins précis en matière de conception des sites. Un lien hypertexte peut réaliser la liaison entre deux contextes, le lecteur n'a qu'à appuyer sur le lien pour se rendre sur un autre contexte. Cette capacité de liaison pousse les auteurs des sites internet à :

- segmenter les informations qu'ils veulent communiquer aux lecteurs en plusieurs pages internet afin de faciliter l'appréhension, l'attractivité et la lecture de leurs sites. Grâce aux liens, les auteurs peuvent, entre autres :
  - montrer une vue globale de leurs sites dans une page qui contient des liens de type spécialisation sous la forme de titres, les lecteurs peuvent ensuite se rendre aux endroits des sites qui les intéressent.
  - amener à chaque fois le lecteur au contexte plus global du propos de l'auteur en utilisant des liens de type généralisation.
  - amener le lecteur à une illustration du propos de l'auteur en utilisant des liens de type illustration.
  - etc.

- à enrichir leurs sites par des références en relation avec le propos de l'auteur du site, ces liens participent à la compréhension de l'information que les auteurs veulent communiquer.

Nous avons vu à la section 1.4.2.1 les différents types de liens que nous avons rencontrés dans la littérature.

Nous faisons l'hypothèse que toute relation sémantique d'un propos de l'auteur avec un autre propos sur le web, peut être à l'origine de la pose d'un lien hypertexte dans le premier propos vers le second. Nous nous sommes intéressés en particulier aux sites contenant essentiellement des liens natifs et dont la sémantique est variée. Quelques exemples de relations sémantiques portées par les liens de notre corpus sont présents dans le tableau 3.1.

Concept du contexte appelant du lien	Relation sémantique	Concept du contexte appelé par le lien
Albert le Grand	a étudié	Aristote
Baudelaire Charles	a fréquenté	Hugo Victor
Rimbaud Arthur	a fréquenté	Mallarmé Stéphane
Riel Louis	a fréquenté	Métis
Verlaine Paul	a fréquenté	Rimbaud Arthur
Zola Emile	a vécu à	aix en provence
Verlaine Paul	est né à	Metz
Bush George Herbert Walker	s'est opposé à	Clinton Bill
Schoffer Nicolas	a réalisé	Kinetic Sculptors
Riel Louis	a écrit	Lettre
Riel Louis	a fondé	Manitoba
Riel Louis	a soutenu	Thomas Scott
Al-Bîrûnî	a participé à	adab
Auguste Comte	est à l'origine de	positivisme
Socialisme	s'est apparenté à	marxisme
Repêchage	est illustré par	photographie
Marx	parle de	socialisme

TABLE 3.1 – *Exemples de relations sémantiques des liens du corpus*

Exemple de lien natif

Considérons une page biographique de François Mitterrand et une page qui a pour sujet la convention de Lomé IV. La dernière est, soit faite par le même auteur, soit par un autre.

Dans la page biographique, l'auteur cite les œuvres économiques étrangères de François Mitterrand, et parmi elles, la convention de Lomé IV. Dans la partie qui cite la convention de Lomé IV, l'auteur pose un lien hypertexte vers une page qui a pour sujet la convention de Lomé IV. Le contexte appelant du lien peut être la partie de la page traitant des œuvres économiques étrangères de Mitterrand et le contexte appelé par le lien peut être la cible du lien en entier, c'est-à-dire la page traitant de la convention du Lomé IV (voir figure 3.1).

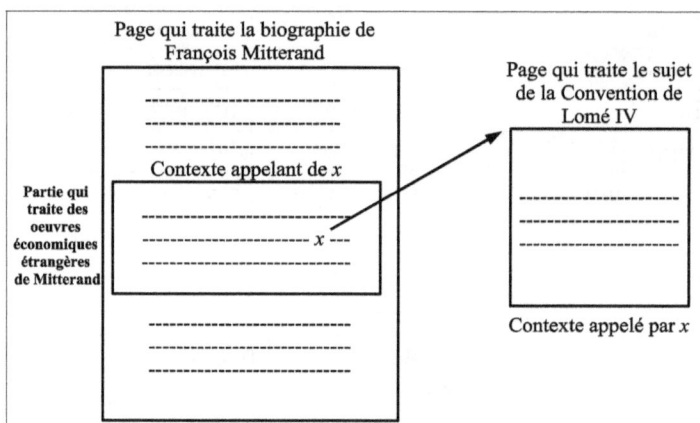

FIGURE 3.1 – *Contexte appelant et contexte appelé du lien x*

La raison pour laquelle l'auteur a posé ce lien dans son contexte est qu'un propos sur cette convention complète et détail le propos sur les œuvres économiques.

Si l'auteur de la page biographique n'est pas le même que celle de la convention de Lomé IV, la découverte par l'auteur de l'existence de la page sur la convention de Lomé IV et de son adresse, l'aura motivé à poser un lien vers celle-ci dans sa page, plus précisément dans la partie qui traite des œuvres économiques étrangères, dans la sous-partie qui cite la convention de Lomé IV.

Et si l'auteur de la page de la convention de Lomé IV est aussi celui de la page biographique de François Mitterrand, ce sont les avantages d'utilisation des liens hypertextes, pour rendre les sites plus attractifs et plus faciles à lire qui l'auront motivé à créer la page sur la convention de Lomé IV, qui est une œuvre suffisamment importante pour mériter un développement dans une page, à part, et à poser un lien vers cette page dans le texte principal.

Importance de la relation sémantique portée par les liens natifs

Nous nous intéressons dans ce travail à expliciter les relations sémantiques des liens natifs car nous faisons l'hypothèse que ces relations sémantiques sont suffisamment importantes pour avoir motivé la pose d'un lien par l'auteur lui-même et qu'ainsi elle sont hautement pertinentes, nous pensons également qu'il est plus simple d'expliciter formellement les relations sémantiques portées par les liens natifs que celles qui peuvent exister entre les autres phrases des textes.

3.1.1.4 Variété des formes littéraires des contextes des liens et des contextes appelés par les liens

Les contextes, qu'ils soient contextes appelants ou appelés, sont de diverses formes littéraires. Nous avons crée une typologie des formes littéraires des contextes appelants des liens et des contextes appelés par liens de notre corpus, les formes littéraires sont telles que :
sommaire ; illustration graphique ; définition ; citation ; liste ; récit ; description ; détail ; résumé ; note ; etc.

Par la suite, pour permettre leur reconnaissance automatique, nous avons simplifié les formes littéraires, cet aspect est traité en §4.1.2.

97

3.1.2 Méthode de construction et traitements préliminaires

L'interrogation des outils de recherche francophones (annuaires et moteurs de recherche) comme Google (www.google.fr), Altavista (www.altavista.com) et Yahoo (www.yahoo.fr), avec des requêtes comme « biographie » et/ou « nom d'un personnage célèbre » réduite aux pages satisfaisant les critères de sélection ainsi définis, a permis d'obtenir un ensemble de 140 biographies provenant de 16 serveurs différents, l'ensemble des biographies contient plus de 90 000 hyperliens. Quelques statistiques sur le corpus sont disponibles dans la section 3.1.3.

Une fois les sites sélectionnés, nous avons utilisé des aspirateurs de sites web pour les aspirer sur un serveur local. Les cibles des liens internes aux sites sont présentes sur un serveur local tandis que celles des liens externes aux sites ne le sont pas et cela à cause du fonctionnement des aspirateurs qui n'aspire que les documents des sites dont on fournit les adresses.

Pour permettre l'annotation des liens par leurs sémantiques, d'abord nous avons choisi d'identifier chaque lien et chaque cible de lien par un identificateur unique afin de permettre de les retrouver : nous avons posé devant chaque lien une balise <a name= "identifiant unique du lien"> et devant chaque cible une balise <a name= "identifiant unique pour la cible du lien"> (exemple voir figure 3.2). Ensuite, nous avons modélisé chaque lien dans une base de données afin de permettre sa représentation sémantique. Nous avons créé une interface pour pouvoir entrer la sémantique des liens dans la base de données, la personne chargée de faire l'analyse de la sémantique du lien n'a qu'à remplir quelques cases relatives à la sémantique du lien identifié, les contenus des cases sont définis dans les sections 3.2.1 et 3.2.2.

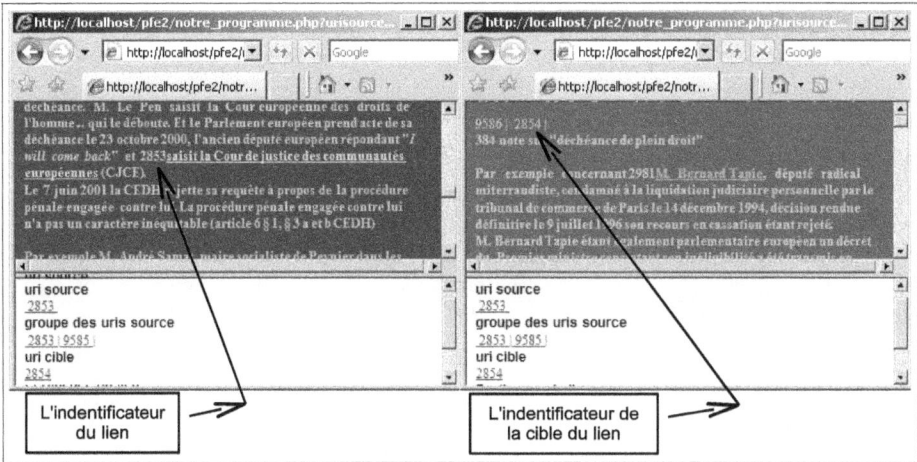

FIGURE 3.2 – *Identification d'un lien et de sa cible*

3.1.3 Caractéristiques du corpus

Nous nous sommes fixés de réunir 140 biographies issues de 16 serveurs différents, l'ensemble contient 1858 fichiers HTML et plus de 90 000 liens dont 12 650 liens externes c'est à dire presque 14 % des liens, 12 045 liens internes aux pages soit plus de 13% et plus de 50 000 liens internes aux sites soit plus de 55%. Les 18% restant sont des liens javascript et des liens externes comme « http ://validator.w3.org/check ?uri=referer », etc. Le tableau 3.2 donne des statistiques plus poussées sur le corpus.

3.2 Formalisation de la sémantique des liens hypertextes

La méthode proposée consiste à 1) segmenter le contexte appelant du lien et le contexte appelé par le lien (nous avons déjà vu dans les figures 1.2, 1.4 et 1.5 quelques exemples de segmentation de contextes appelants et de contextes appelés), 2) synthétiser la sémantique des deux contextes et 3) à trouver la raison de la pose de ce lien dans le *contexte appelant du lien*, cette raison est liée à une ou plusieurs relations sémantiques entre le contexte appelant et le contexte appelé.

Serveur	Nombre de fichiers HTML	Taille HTML	Nombre de liens	Nombre de liens traités	Nombre de liens externes aux sites
csrs.qc.ca	199	4,21 Mo	5206	359	1484
pages.globetrotter.net	19	1,99 Mo	2342	526	0
page.infinit.net	41	3,07 Mo	2356	705	88
perso.wanado.fr	204	29,04 Mo	4716	1766	1212
www.abri.org	50	1,41 Mo	1992	1554	4
www.ac-grenoble.fr	81	4,52 Mo	3992	3532	0
www.ac-strasbourg.fr	288	9,33 Mo	1785	1200	22
www.ac-versailles.fr	17	0,17 Mo	362	264	0
www.canevet.com	12	0,19 Mo	159	56	0
www.comedie-française.fr	2	0,014 Mo	2	1	1
www.histoire.fr	5	0,09 Mo	58	8	6
www.hubertreeves.info	209	7,68 Mo	21107	6361	8118
www.noosfere.com	241	7,84 Mo	14520	6635	1627
www.olats.org	239	33,88 Mo	25622	16853	32
www.publius-historicus.com	210	5,02 Mo	13348	10578	56
www.shsb.mb.ca	41	1,16 Mo	1376	827	0
Total	1858	110,7 Mo	98943	51225	12650

TABLE 3.2 – *Caractéristiques générales du corpus*

3.2.1 Synthèse formelle de la sémantique des contextes appelants et appelés

La synthèse de la sémantique des deux contextes, contexte appelant du lien et contexte appelé par le lien, consiste à les décrire suivant un modèle de phrase simple composée de trois parties :

- La première pour spécifier de quel contexte il s'agit : contexte appelant ou appelé.
- La deuxième pour spécifier la forme littéraire du contexte considéré.
- La troisième pour décrire le contexte considéré par quelques mots clés reliés naturellement en français, ces mots clés seront dérivés des concepts de l'ontologie.

3.2.1.1 Exemple 1

Reprenons le lien hypertexte de la section 3.1.1.3 que l'on dénote par x. x est un lien de la page d'accueil de la biographie de François Mitterrand posé dans la partie qui cite les œuvres économiques étrangères de Mitterrand (voir figure 3.1). La cible de x est la page traitant la convention de Lomé IV.

Selon le modèle de phrase décrit ci-dessus, nous pouvons réécrire le contexte de x et le contexte appelé par x simplement comme :

- Le « contexte appelant x » est le « détail » des « œuvres économiques étrangères » de « Mitterrand ».
- Le « contexte appelé par x » est le « détail » de la « convention de Lomé IV ».

3.2.1.2 Exemple 2

La réécriture, selon le modèle défini, du contexte appelant du lien, dénoté par y, de la page qui traite la biographie d'Apolinaire (voir le lien entouré de la figure 1.9), et du contexte appelé par y donne lieu à ces deux phrases simples :

- Le « contexte appelant de y » fait le « récit » de la « rencontre » d'« Apollinaire » avec « Madeleine Pagès ».
- Le « contexte appelé par y » « cite » le « pøè me » « POUR MADELEINE SEULE » d'« Apollinaire ».

3.2.2 Relation sémantique entre le contexte du lien et le contexte appelé par le lien

Une fois terminée la synthèse de la sémantique des deux contextes, appelant et appelé, il faut maintenant répondre à la question : pourquoi l'auteur a t-il voulu que le lecteur aille consulter le contexte appelé par le lien. La réponse à cette question se trouve dans une ou plusieurs relations sémantiques entre le contexte appelant et le contexte appelé. Nous proposons un modèle de phrase simple permettant d'expliciter formellement la réponse, en reliant un mot clé (dérivé d'un concept de l'ontologie) du contexte appelant par une relation sémantique à un mot clé (dérivé d'un concept de l'ontologie) du contexte appelé. Le modèle peut être instancié pour représenter toute la sémantique d'un lien.

Exemples

Reprenons les liens x et y des exemples précédents. La relation sémantique entre le contexte appelant de x et le contexte appelé par x peut maintenant être explicitée comme :

- La « convention de Lomé IV » (dont il est fait le « détail » dans le « contexte appelé » par le lien)
- « *fait partie des* »
- « œuvres économiques étrangères » de « François Mitterand » (dont il est fait le « détail » dans le « contexte appelant »)

De même, plusieurs relations sémantiques peuvent exister entre le contexte appelant de y et le contexte appelé par y, elles peuvent être explicitées comme :

- « Apollinaire » (dont il est fait le « récit » de la « rencontre » avec « Madeleine Pagès » dans le « contexte appelant »)
- *« a écrit »*
- « POUR MADELEINE SEULE » (dont il est fait la « citation » du poème d'« Apollinaire » dans le « contexte appelé »)

et,

- « Madeleine Pagès » (dont il est fait le « récit » de la « rencontre » avec « Apollinaire » dans le « contexte appelant »)
- *« a inspiré »*
- « POUR MADELEINE SEULE » (dont il est fait la « citation » du poème dans le « contexte appelé »)

Il ne faut pas confondre ces deux relations sémantiques qui relient les concepts du contexte appelant et du contexte appelé, avec le rôle que joue le contexte appelé par rapport au contexte appelant qui est de type « illustration » ou de « complément ».

Pour vérifier la validité de la méthode d'extraction formelle de la sémantique de liens hypertextes, nous l'avons testée sur un échantillon de 130 liens hypertextes du corpus. L'expérience montre que la méthode est opérationnelle.

Nous avons déjà vu des exemples de relations sémantiques portées par les liens de notre corpus (voir tableau 3.1).

Dans la section suivante, nous présentons l'ontologie de liens hypertextes du domaine des biographies de personnages célèbres. Nous décrivons d'abord la méthode de construction utilisée, et ensuite nous présentons l'ontologie.

103

3.3 Construction d'une ontologie pour les liens hypertextes du domaine du corpus

Il existe de nombreux principes et critères de construction d'ontologies, mais aucune méthode n'a pour l'instant réussi à s'imposer.

Certaines méthodes révèlent parfois plus du savoir-faire que de l'ingénierie. La plupart admettent que la conceptualisation commence par l'organisation des concepts et des relations d'un domaine en taxinomies [AFNOR, 1981]. Mais malgré cela, les ontologies produites ne seront pas forcément les mêmes.

Nous avons adopté une méthode qui nous a semblé intéressante et facile à appliquer, il s'agit de la méthode proposée par Noy et McGuiness [Noy et Mcguinness, 2001] qui se base sur sept étapes.

Méthodologie de Noy et McGuinness

Noy et McGuiness rappellent certaines règles sur lesquelles on se réfère pendant le processus de la conception de l'ontologie, notamment lorsque l'on est confronté à un problème :

1. *Il n'y a pas une seule façon correcte pour modéliser un domaine. Il y a toujours des alternatives viables. La meilleure solution dépend presque toujours de l'application que vous voulez mettre en place et des évolutions que vous anticipez.*

2. *Le développement d'une ontologie est nécessairement un processus itératif.*

3. *Les concepts de l'ontologie doivent être très proches des objets (physiques ou logiques) et des relations dans votre domaine d'intérêt. Fort probablement, ils sont des noms (objets) ou verbes (relations) dans les phrases qui décrivent votre domaine.*

Leur méthodologie de construction d'ontologie relative à un domaine donné repose sur sept étapes.

1. Dans la première étape, il faut commencer par faire une description précise et détaillée du domaine en répondant à des questions de ce type :
   - quel domaine l'ontologie va couvrir ?
   - quelles sont les applications que l'on souhaite faire de cette ontologie ?
   - quels sont les types de questions auxquelles l'information dans l'ontologie devrait répondre ?
   - qui va utiliser et entretenir l'ontologie ?

2. Dans la deuxième étape, il faut s'assurer qu'il n'en existe pas d'autres qui traitent du même domaine. Si l'on a pas trouvé, il va falloir passer à l'étape suivante.

3. La troisième étape consiste à rechercher les termes candidats sans s'inquiéter du chevauchement entre les concepts que les termes candidats représentent, ni de relations entre les termes, ni de propriétés que les termes peuvent avoir, ni si les concepts représentent des classes ou des propriétés.

4. Dans la quatrième étape, on définit les différentes classes et on établit la hiérarchisation des classes. A partir de la liste des termes obtenue à l'étape précédente, on sélectionne les termes qui décrivent des objets qui ont une existence indépendante plutôt que les termes qui décrivent ces objets. Ces termes vont devenir les classes de l'ontologie. On organise les classes dans une hiérarchie en vérifiant que pour deux classes A et B tel que A est une super classe de B, alors toute instance de B est également, une instance de A.

   Trois méthodes pour définir la hiérarchie entre classes, méthode de **haut en bas**, méthode de **bas en haut** et combinée. La méthode de **haut en bas** commence par définir les concepts les plus généraux et se poursuit par la spécialisation des concepts. La méthode **de bas en haut** est l'inverse de la première, on commence par définir les concepts les plus spécifiques et se poursuit

105

avec le regroupement de ces classes en concepts plus généraux.La méthode combinée est une combinaison des deux méthodes, de haut en bas et de bas en haut. On commence par définir les concepts les plus saillants, ensuite on applique la première ou la deuxième méthode, suivant le cas.

5. L'étape cinq décrit les classes plus précisément, en cherchant pour chacune des propriétés ou attributs. On a déjà sélectionné un certain nombre de classes à partir des listes des termes créés à l'étape trois. La plupart des termes restants ont de fortes chances d'être des propriétés de ces classes.

6. L'étape six consiste à définir la valeur du type, les valeurs autorisées, le nombre de valeurs (cardinalité), et d'autres caractéristiques de valeurs que les attributs peuvent avoir.

7. La septième étape consiste à créer des instances individuelles des classes dans la hiérarchie.

La construction d'ontologie selon la méthode décrite ci-dessus s'arrête là sans définir des relations sémantiques non taxonomiques entre concepts, mais nous les définirons dans l'ontologie.

Pour décrire le domaine, l'ontologie que l'on souhaite construire, est spécifique au domaine des biographies des personnages célèbres, elle pourra servir, dans un futur proche, pour décrire la sémantique de liens hypertextes (ce qui va aider à l'émergence du web sémantique).

Pour la constitution de termes candidats, nous nous sommes basés sur les contextes appelants des liens hypertextes et les contextes appelés par liens hypertextes et sur des vocabulaires existants comme FOAF [1] ("Friend of a friend"), un vocabulaire RDF permettant de décrire des personnes et les relations qu'elles entretiennent entre elles, et BIO [2] ("A vocabulary for biographical information"), un vocabulaire pour l'information biographique.

---

1. http ://xmlns.com/foaf/0.1/
2. http ://vocab.org/bio/0.1/

Un groupe d'étudiants en documentation a été chargé d'analyser les liens, selon le modèle décrit en dessus, et d'établir à partir de ces différents sources une liste de termes candidats les plus utiles et propres à répondre à nos besoins. Nous avons appliqué la méthode combinée pour hiérarchiser nos concepts. Ces différents concepts entretiennent entre eux une relation d'hyperonymie (voir l'annexe 4.2.4). Nous avons aussi établi d'autres types de relations non taxinomiques entre concepts de l'ontologie (voir tableau C.1 de l'annexe 4.2.4).

Dans la construction de l'ontologie, nous nous sommes limités aux quatre premières étapes, nous n'avons pas été jusqu'à la recherche des attributs des classes.

Pour la représentation de l'ontologie, RDFS est un langage de classes simple qui représente la structure avec la description hiérarchique des concepts et des relations, nous l'avons donc adopté pour la représentation de l'ontologie. Un extrait du code RDFS de l'ontologie est présenté dans l'annexe 4.2.4.

3.4 Représentation de la sémantique de liens hypertextes par RDF

Les liens Xlink conviennent pour définir les types des liens, mais ils ne sont pas suffisants pour décrire toutes les relations sémantiques telles que nous définissons entre des concepts du contexte appelant et des concepts du contexte appelé (voir section 1.5), mais RDF (Ressource Description Framework) le permet. En effet, RDF permet de décrire toute relation sémantique entre le contexte appelant et le contexte appelé en utilisant des triplets comme : (valeur d'une propriété du contexte appelant du lien, la relation sémantique, valeur d'une propriété du contexte appelé par le lien). Nous avons donc adopté le modèle RDF pour représenter la sémantique des liens.

Dans cette section, nous allons donner quelques exemples de représentation de la sémantique de liens hypertextes en RDF.

3.4.1 Exemple 1

Prenons le lien entouré, dénoté par z, de la page de gauche de la figure 1.7. Le lien est situé dans une partie qui raconte les fondements du culturalisme. La cible du lien est une citation du livre « l'Etat et la révolution » de Lénine.

1. Synthèse de la sémantique du contexte appelant de z :

   Le contexte appelant de z **fait le récit des fondements du culturalisme**.

   - contexte appelant de z : il s'agit de l'analyse de la sémantique du contexte appelant de z.
   - récit : forme littéraire du contexte appelant de x.
   - fondements du culturalisme est un concept décrivant le contexte appelant de z.

2. Synthèse de la sémantique du contexte appelé par z :

   Le contexte appelé par z **est une citation de l'Etat et la révolution de Lénine**.

   - contexte appelé par z : il s'agit de l'analyse de la sémantique du contexte appelé par z.
   - citation : forme littéraire du contexte appelé par z.
   - état et la révoltion, Lénine : concepts décrivant le contexte appelé par z.

3. Extraction de la relation sémantique entre le contexte appelant de z et celui appelé par z :

   Les fondements du culturalisme *ont été défendus par* **Lénine**.

   - fondements du culturalisme est un concept du contexte appelant de z.
   - Lénine est un concept du contexte appelé par z.

- « a été défendu par » est la relation sémantique entre le contexte appelant et appelé.

Représentation par RDF

Le concept « fondements du culturalisme » est une sous classe du concept « culturalisme » de l'ontologie. Les formes littéraires des contextes « Récit et citation » sont des sous classes du concept « FormeContexte » de l'ontologie.

Nous décrivons d'abord les triplets RDF dans le format N-Triplets (voir tableau 3.3), ensuite les triplets sont représentés en XML (voir figure 3.3), nous décrivons finalement la représentation graphique du modèle RDF(voir figure 3.4).

Sujet	Prédicat	Objet
<URL_Cont_Appelant_ de_z>	<URLOntologie♯ FormeContexte>	<URLOntologie♯Recit>
<URL_Cont_Appelant_ de_z>	URLOntologie♯ Culturalisme	<URLOntologie♯Fondements_ du_culturalisme>
<URL_Cont_appele_ par_z>	<URLOntologie♯ FormeContexte>	<URLOntologie♯Citation>
<URL_Cont_appele_ par_z>	<URLOntologie♯ Livre>	<URLOntologie♯Etat_et_ la_Revolution>
<URL_Cont_appele_ par_z>	<URLOntologie♯ Personne>	<URLOntologie♯Lenine>
<URLOntologie♯Fondements_ du_Culturalisme>	<URLOntologie♯a_ete_ defendu_par>	<URLOntologie♯Lenine>

TABLE 3.3 – *Les triplets RDF dans le format N-Triplets formalisant la sémantique du lien z*

```
<?xml version="1.0"?>
<rdf:RDF
        xmlns:rdf="http://www.w3.org/1999/02/22-rdf-syntax-ns#"
        xmlns:ol="URLOntologie#"
   >


<!-- Représentation en RDF de la sémantique du contexte
 appelant de z -->

<rdf:Description rdf:about="URL_Cont_Appelant_de_z">
   <ol:FormeContexte rdf:resource="URLOntologie#Recit" />
   <ol:Culturalisme rdf:resource="URLOntologie#Fondements_
     du_culturalisme" />
</rdf:Description>

<!-- Représentation en RDF de la sémantique du contexte
 appelé par z -->

<rdf:Description rdf:about="URL_cont_appele_par_z">
   <ol:FormeContexte rdf:resource="URLOntologie#Citation" />
   <ol:Livre rdf:resource="URLOntologie#Etat_et_la_révolution"/>
   <ol:Personne rdf:resource="URLOntologie#Lénine" />
</rdf:Description>

<!-- Représentation en RDF de la relation entre le contexte
     appelant de z et le contexte appelé par z -->

<rdf:Description rdf:about="URLOntologie#Fondements_du_
culturalisme">
  <ol:a_ete_defendu_par rdf:resource="URLOntologie#Lenine" />
</rdf:Description>
</rdf:RDF>
```

FIGURE 3.3 – *Le code RDF de la sémantique du lien z*

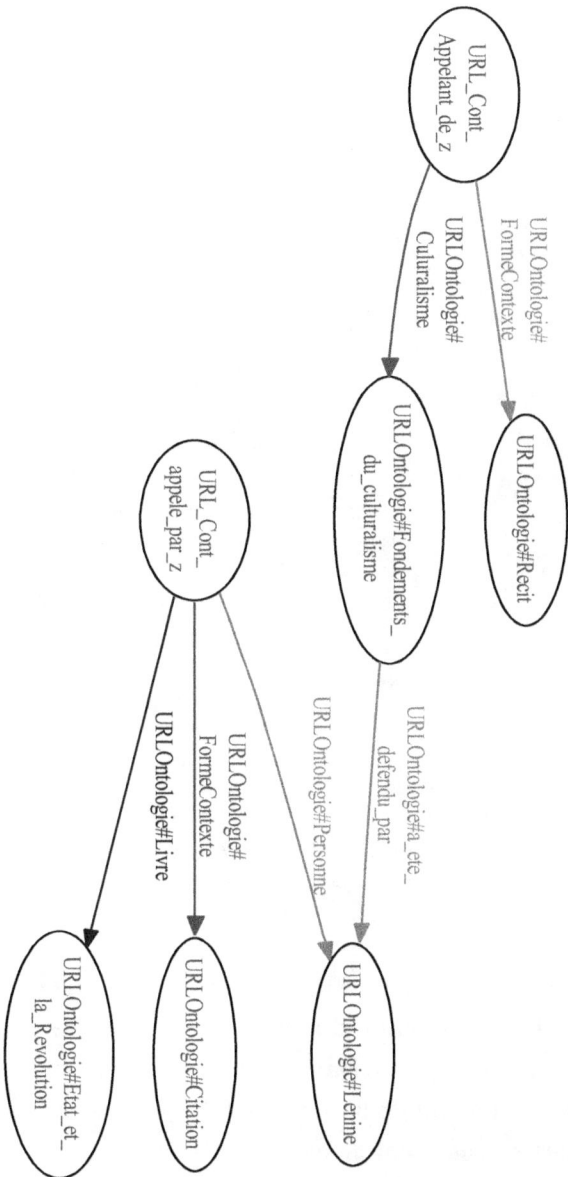

FIGURE 3.4 – *Une représentation graphique du modèle RDF*

3.4.2 Exemple 2

Soit le lien hypertexte noté y de la page qui raconte « Le massacre de la Saint-Barthélemy »[3], situé dans la partie qui raconte les origines du massacre (voir figure 3.5).

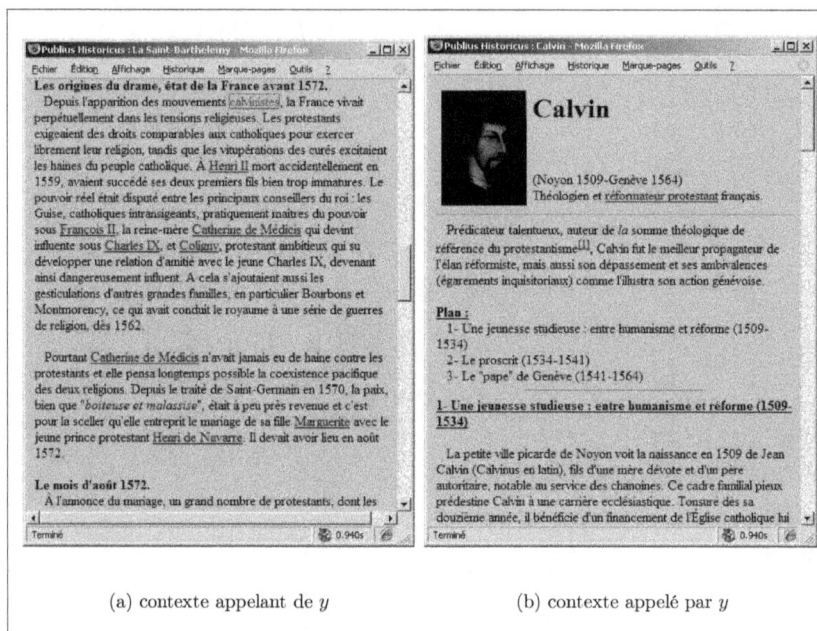

(a) contexte appelant de y (b) contexte appelé par y

FIGURE 3.5 – *Contexte appelant du lien y (calvinistes) et contexte appelé par y*

1. Synthèse de la sémantique du contexte appelant de y :
   Le contexte appelant du lien fait le **récit** des **origines du massacre de la Saint-Barthélemy**.
   - contexte appelant du lien : il s'agit de l'analyse de la sémantique du contexte appelant de y.
   - récit : forme littéraire du contexte appelant de y.

---

3. http ://www.publius-historicus.com/st-bart2.htm

- origines du massacre de la Saint-Barthélémy : concept décrivant le contexte appelant de y.

2. Synthèse de la sémantique du contexte appelé par y :
   Le contexte appelé par le lien fait le **récit** de la **biographie** de **Calvin** un **théologien protestant**.
   - contexte appelé par le lien : il s'agit de l'analyse de la sémantique du contexte appelé par y.
   - récit : forme littéraire du contexte appelé par y.
   - biographie, Calvin, théologien protestant : concepts décrivant le contexte appelé par y.

3. Extraction de la relation sémantique entre le contexte appelant et le contexte appelé :
   Calvin *fait partie des* **origines du massacre de la Saint-Barthélemy**.
   - Calvin : concept du contexte appelant de y.
   - origines du massacre de la Saint-Barthélemy : concept du contexte appelé par y.
   - fait partie de : relation sémantique entre le contexte appelant de y et le contexte appelé par y.

Représentation par RDF

Le concept « origine du massacre de la saint-Barthélemy » est une sous classe de la classe « Évènement ». Les concepts « Calvin, théologien protestant » peuvent être des sous classes des classes « Personne, Qualité » respectivement. La forme littéraire des deux contextes « Récit » peut être une instance de la classe « FormeContexte » de l'ontologie.

Nous décrivons d'abord les triplets RDF dans le format N-Triplets (voir tableau 3.4), ensuite les triplets sont représentés en XML (voir figure 3.7), nous décrivons finalement la représentation graphique du modèle RDF(voir figure 3.6).

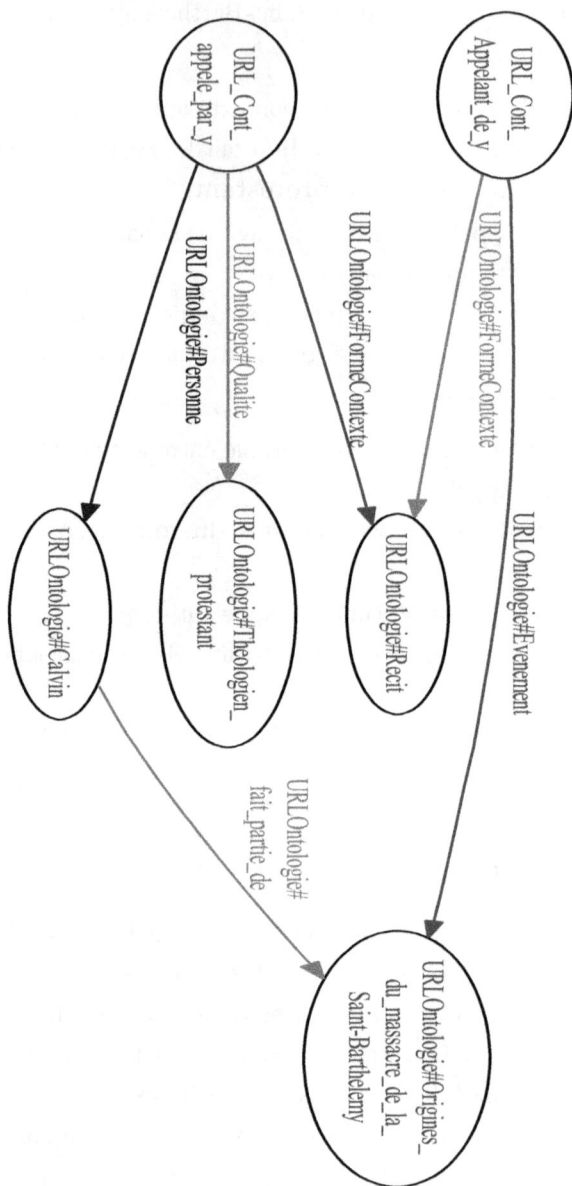

FIGURE 3.6 – *Une représentation graphique du modèle RDF*

Sujet	Prédicat	Objet
<URL_Contexte_Appelant_ de_y>	<URLOntologie♯ For­meContexte>	<URLOntologie♯ Re­cit>
<URL_Contexte_Appelant_ de_y>	<URLOntologie♯ Eve­nement>	<URLOntologie♯ Origines_ du_massacre_de_la_ Saint-Barthelemy>
<URL_contexte_appele_ par_y>	<URLOntologie♯ For­meContexte>	<URLOntologie♯ Re­cit>
<URL_contexte_appele_ par_y>	<URLOntologie♯ Per­sonne>	<URLOntologie♯ Cal­vin>
<URL_contexte_appele_ par_y>	<URLOntologie♯ Qualite>	<URLOntologie♯ Theologien _protes­tant_francais>
<URLOntologie♯ Calvin>	<URLOntologie♯fait_ partie_de>	<URLOntologie♯ Origines_ du_massacre_de_ la_Saint-Barthelemy>

TABLE 3.4 – *Les triplets RDF dans le format N-Triplets formalisant la sémantique du lien y*

```
<?xml version="1.0"?>
<rdf:RDF
xmlns:rdf="http://www.w3.org/1999/02/22-rdf-syntax-ns#"
xmlns:ol="URLOnlologie#"
    >


<!-- Représentation en RDF de la sémantique du contexte
 appelant de y -->
<rdf:Description rdf:about="http://URL_Contexte_Appelant_de_y">
    <ol:FormeContexte rdf:resource="URLOnlologie#Recit" />
    <ol:Evenement rdf:resource="URLOnlologie#Origines_du_massacre_
    de_la_Saint-Barthelemy" />
</rdf:Description>

<!-- Représentation en RDF de la sémantique du contexte
appelé par y -->
<rdf:Description rdf:about="http://URL_contexte_appele_par_y">
    <ol:FormeContexte rdf:resource="URLOnlologie#Recit" />
    <ol:Personne rdf:resource="URLOnlologie#Calvin" />
    <ol:Qualite rdf:resource="URLOnlologie#Theologien_
     protestant_francais" />
</rdf:Description>

<!-- Représentation en RDF de la relation entre le contexte
     appelant de y et le contexte appelé par y -->
<rdf:Description rdf:about="URLOnlologie#Calvin">
  <ol:fait_partie_de
            rdf:resource="URLOnlologie#Origines_du_massacre_
            de_la_Saint-Barthelemy" />
</rdf:Description>

</rdf:RDF>
```

FIGURE 3.7 – *Le code RDF de la sémantique du lien y*

3.5 Place de la sémantique des liens dans le web sémantique

Pour les moteurs de recherche du web sémantique qui devraient avoir accès au contenu sémantique du web codé en RDF et aux ontologies représentées dans des langages de représentation de connaissances du web sémantique, et devraient aussi pouvoir faire des raisonnements automatisés sur ces données, la sémantique formelle des liens et l'ontologie des liens sont des données utilisables pour faire des raisonnements complexes.

Pour donner un exemple d'utilisation de la sémantique formelle des liens et de l'ontologie liée, considérons la requête suivante : « quels sont les personnages qui ont été influencés par un personnage Y ? ».

Avec les moteurs de recherche du web actuel, si le sujet « les personnages qui ont été influencés par Y » n'a pas fait l'objet d'un travail publié dans des pages web, alors une réponse précise à cette requête est sans aucune assurance ou alors l'utilisateur doit connaître au préalable quelques noms de personnages qu'il pense avoir été influencés par Y, ensuite il posera des requêtes comprenant des termes comme « nom d'un personnage », « a été influencé par », « Y ». Les réponses renvoyées à ces requêtes correspondent à des pages dans lesquelles l'utilisateur doit éventuellement fouiller ou naviguer.

Pour chaque lien reliant une page qui traite la biographie d'un personnage à une page qui traite la biographie d'un autre personnage qui l'a influencé, supposons que la relation sémantique « a été influencé par » portée par ces liens est codé en RDF. Avec les moteurs de recherche du web sémantique, pour répondre à la requête précédente, les agents intelligents iront chercher les « nom d'un personnage » qui sont reliés par la relation sémantique « a été influencé par » à « Y ».

Le web ne sera pas sémantique et n'atteindra pas son véritable pouvoir avant que le sens de quoi que ce soit sur le web soit donné et ensuite codé en RDF, or ceci est loin d'être réalisé prochainement étant donné la charge que demande cette tâche par les humains ou par des agents logiciels.

Le web se voit comme un immense réseau d'information structurée et dont les éléments de structure sont les hyperliens. L'explicitation de la sémantique des liens natifs, selon le modèle proposé, s'avère pertinente pour le web car, outre les intérêts pour les lecteurs et les moteurs de recherche actuels et du web sémantique, elle participe à l'accélération de l'émergence du web sémantique. En effet, 1) elle ne nécessite pas un grand effort de la part des auteurs pour synthétiser, au moment de la création du lien, la sémantique du contexte appelant du lien et du contexte appelé par le lien ainsi que pour extraire les relations sémantiques entre le contexte appelant et le contexte appelé[4] et 2) son explicitation est plus simple que celle de la sémantique de la totalité des textes. D'autre part, des outils informatiques peuvent aider à l'extraction formelle des attributs comme nous le verrons dans le chapitre suivant.

---

4. parce qu'il devrait maîtriser ce qu'il en train de publier

Chapitre 4

Aide à l'extraction de la sémantique formelle

Pour automatiser l'extraction de la sémantique formelle des liens, il faudra reconnaître automatiquement les éléments suivants : les formes littéraires des contextes appelants et appelés, les mots clés sur les contextes et les relations sémantiques. Concernant l'automatisation des relations sémantiques, nous avons déjà présenté des travaux sur la reconnaissance automatique de certains types des liens (§1.4.2.3), ces travaux constituent un début d'automatisation des relations sémantiques parce que nous avons déjà montré dans le chapitre 1 que les relations sémantiques englobent les types des liens. Cependant, si les relations sémantiques sont non représentables par les types des liens, l'automatisation de la relation sémantique devient un problème difficile que nous n'abordons pas dans ce chapitre. Nous proposons dans ce chapitre une caractérisation des contextes appelés par les liens à partir de leurs formes littéraires, et une caractérisation des contextes appelants et appelés par des mots clés.

4.1 Caractérisation des contextes à partir de leurs formes littéraires

Pour caractériser les contextes appelés par les liens, il faut avant tout les segmenter. Nous présentons dans la section suivante des travaux qui abordent la segmentation des textes. Ensuite, nous présentons une réflexion sur la segmentation des contextes appelés par les liens.

4.1.1 Segmentation des contextes appelants et appelés

Différents travaux dans la littérature se sont intéressés à la segmentation de textes. Certains travaux se sont intéressés à la segmentation en phrases en utilisant des marqueurs de ponctuation(., ?, !)(INTEX, « A Maximum Entropy Approach to Identifying Sentence Boundaries », SATZ), ou en utilisant, en plus, quelques constituants typographiques [Mourad, 2001].

D'autres travaux se sont intéressés à la reconnaissance de frontières thématiques. Certains de ces travaux prennent en compte des dispositifs linguistiques qui ont pour fonction de signaler la présence de changements de thèmes. D'autres travaux prennent en compte le contenu des textes. La plupart de ces derniers font l'hypothèse que deux extraits ayant une faible similarité ont de faibles liens thématiques. Ainsi, deux extraits peu similaires (au sens d'une mesure de similarité dont la valeur est inférieure à un seuil) donnent lieu à une segmentation du document qui les contient.

[Salton et al., 1996] proposent de commencer la segmentation au niveau des paragraphes. Une similarité est calculée pour chaque paire de paragraphes. Chaque triplet de paragraphes fortement liés les uns aux autres est retenu. Pour chaque triplet, un vecteur centroïde [1] est calculé. Enfin chaque paire de centroïdes ayant une similarité supérieure à un

---

1. qui est la moyenne des trois vecteurs représentant les paragraphes

seuil est fusionnée, et la fusion est réitérée jusqu'à satisfaire un critère de convergence. [Caillet *et al.*, 2004] proposent une technique de clustering pour segmenter un document selon les thèmes. Ils représentent les paragraphes dans un espace de concepts. Ainsi, deux termes de lexique différents mais représentant le même concept sont représentés d'une façon unique par le même concept. [Yaari, 1997] utilise la classification hiérarchique pour la segmentation des documents. Une similarité est calculée entre chaque paragraphe et celui qui le suit. Tant qu'il reste des paragraphes non classés dans des segments, les deux paragraphes les plus proches et qui sont dans deux segments adjacents sont regroupés. Les frontières thématiques sont déduites de la hiérarchie suivant les profondeurs respectives des segments adjacents dans le texte. [Choi *et al.*, 2001] découpent d'abord le document en unités textuelles minimales, habituellement des phrases. Ils représentent chaque unité par un vecteur pondéré par les dimensions sémantiques dérivées par l'analyse sémantique latente. Cette dernière consiste à représenter le sens d'un mot, et ainsi d'un segment de textes, par un vecteur, ce qui permet de mesurer leur proximité sémantique. Le point de départ d'une analyse sémantique latente consiste en un tableau lexical qui contient le nombre d'occurrences de chaque mot dans chacun des documents. Ensuite, les fréquences subissent des transformations afin de privilégier les termes les plus informatifs. Le tableau des fréquences est remplacé ensuite par une approximation qui produit une sorte de lissage des associations. Pour cela, le tableau de fréquences fait l'objet d'une décomposition en valeurs singulières avant d'être recomposé à partir d'une fraction seulement de l'information qu'il contient. Les mots caractérisant les documents sont ainsi remplacés par des combinaisons linéaires ou « dimensions sémantiques » sur lesquelles peuvent être situés les mots originaux. Une mesure de similarité est calculée entre toutes les paires d'unités. Enfin, le document est segmenté de façon récursive en fonction des frontières entre les unités textuelles qui maximisent la somme des similarités moyennes à l'intérieur des segments ainsi constitués. [Kozima, 1993] et [Ferret *et al.*, 1998] proposent de segmenter un texte selon des zones de textes ayant chacune une forte cohésion de ses termes mais une faible cohésion avec les autres zones de textes. La cohésion entre termes est évaluée suivant un réseau sémantique construit d'après les définitions des entrées d'un dictionnaire.

La méthode Text-Tiling décrite dans [Hearst, 1997] calcule un score pour chaque segment de texte constitué d'un nombre fixe de phrases. Le score dépend du score attribué à chaque paire de phrases du segment. Le score entre chaque paire de phrases dépend du nombre de mots en communs entre les phrases, nombre de nouveaux mots dans ces phrases et d'un troisième facteur dit nombre de chaînes lexicales proches.

Les contextes appelants et appelés comprennent non seulement du texte, mais aussi d'autres sortes de médias (images, ...). Il en résulte que les techniques de segmentation qui se basent principalement sur le contenu textuel des documents sont moins pertinentes pour la segmentation des contextes appelants et appelés. Par la suite, nous proposons quelques idées pour prévoir des segments formels et susceptibles de représenter les contextes appelés par les liens.

- Le contexte appelé par le lien comporte une information en rapport avec le contexte appelant du lien. Cette information commence à partir de l'endroit où pointe le lien et se termine probablement dans la page du lien, à l'endroit le plus proche, où pointe un autre lien (endroit de la balise "a name"). Ce dernier lien pointe vers le début d'une autre information, à laquelle l'auteur veut pointer pour diverses raisons comme nous l'avons montré en supra.

- L'écran cible est une possibilité pour le contexte appelé par le lien. Cette hypothèse peut être justifiée par le fait que l'auteur, ayant le souci de simplifier la lecture sur l'écran, limiterait l'information, qu'il veut montrer aux lecteurs en activant le lien, à l'écran. L'écran cible serait alors révélateur de ce que l'auteur a voulu montrer au lecteur en activant le lien.

Nous avons implémenté la première méthode pour segmenter les contextes appelés par les liens, premièrement, pour des raisons de simplicité et, deuxièmement, parce qu'on ne dispose pas de moyens pertinents pour pouvoir définir le rendu-écran (qui dépend des tailles des écrans, des navigateurs, des feuilles de styles, etc.). Dans le corpus, il y a une forte présence de balises "a name" : plus de 23 500 balises "a name" sont présentes dans 1682 fichiers HTML parmi les 1858 fichiers HTML du corpus, soit 14 balises "a name" en moyenne par fichier parmi les fichiers contenant des "a name".

Pour automatiser la reconnaissance des formes littéraires des contextes appelés par les liens, nous avons utilisé des outils d'apprentissage supervisé. Dans la section 4.1.2, nous définissons les formes littéraires des contextes, ensuite nous définissons les caractéristiques utilisées pour décrire les contextes dans la section 4.1.3, nous présentons ensuite dans la section 4.1.4 la mise en place des bases d'apprentissage et de test, avant de terminer par la description des expérimentations et des résultats obtenus dans les sections 4.1.5 et 4.1.6.

4.1.2 Sélection / simplification des formes littéraires utilisées

Nous nous sommes inspirés des travaux présentés dans la section 1.4.2.3 pour définir les classes des formes littéraires des contextes appelés par les liens de notre corpus. Nous en avons retenu quelques unes et en avons rajouté d'autres spécifiques au domaine des biographies de personnages célèbres. Nous définissons donc les classes suivantes :

- Classe sommaire : le contenu du contexte est un résumé qui comporte les titres des parties des sites, c'est la même chose que la page carrefour interne. On les reconnaîtra principalement grâce à l'adjacence des liens.
- Classe illustration graphique : le contenu du contexte est une illus-

123

tration graphique par une image. On les reconnaîtra principalement grâce à la présence d'images de taille importante dans le contexte.

- Classe récit : le contenu du contexte est en majorité du texte. On les reconnaîtra donc grâce à la présence de texte en grande quantité dans le contexte.

- Classe note : le contenu du contexte est une annotation apportant un commentaire, un éclaircissement sur un texte. On les reconnaîtra principalement grâce à la présence de texte en quantité moyenne et généralement sans liens hypertextes.

- Classe liste : Le contenu du contexte est une suite d'articles inscrits les uns à la suite des autres. On les reconnaîtra principalement grâce à la présence des puces ou numéros aux débuts des articles.

Les classes sommaire, liste, illustration sont universelles, alors que les classes récit et note sont plus spécifiques au domaine des biographies de personnages célèbres car elles sont plus représentées dans le corpus. L'annexe 4.2.4 représente quelques exemples de contextes avec leurs formes littéraires.

4.1.3   Caractéristiques de description des contextes

Nous avons cité dans la section 1.4.2.3 quelques caractéristiques en relation avec la forme de pages web. Les caractéristiques de notre échantillon de contextes les plus significatives intuitivement sont présentées dans le tableau 4.1.

L'agent web recueille les indicateurs quantitatifs, et les stocke sous forme d'une matrice (voir tableau 4.2). Chaque ligne correspond à un contexte appelé, et chaque colonne correspond à un des paramètres cités dans le tableau 4.1.

nbHref	nombre de liens
nbImg	nombre d'images
TGimg	taille de la plus grande image
SMoyImg	surface moyenne des images
nbMot	nombre de mots hors balise
nbLEH	nombre de lignes entre balises "a href"
nbLigne	nombre de lignes hors balises, les lignes contenant uniquement des balises ne sont pas comptées
nbBListe	nombre de balises qui définissent des listes, listes avec puces et les énumérations
nbBPg	nombre des balises qui définissent les paragraphes
nbBSLigne	nombre de balises de saut de lignes

TABLE 4.1 – *Les caractéristiques prises sur les contextes*

nbHref	nbImg	TGimg	SMoyImg	nbMot	nbLEH	nbLigne	nbBListe	nbBPg	nbBSLigne
10	1	4628	4628	2770	23	239	40	47	0
9	2	0	0	308	0	40	0	0	0

TABLE 4.2 – *Deux lignes de la matrice contextes / caractéristiques*

4.1.4 Les bases d'apprentissage et de test

Dans le corpus, certains serveurs contiennent un nombre important de biographies. Nous avons alors choisi un échantillon représentatif de contextes appelés de chaque serveur pour la phase de classification des contextes, certaines biographies ont été éliminées pour ne pas influencer l'ensemble avec un même style de documents.

L'échantillon choisi contient 968 contextes. Nous avons annoté ces contextes manuellement par leur formes littéraires comme défini en §4.1.2.

Pour constituer les ensembles d'apprentissage et de test, nous avons tiré au hasard deux tiers de chaque ensemble de contextes de même classe pour l'ensemble d'apprentissage, et le tiers restant étant utilisé pour la base de test. Le tableau 4.3 représente les effectifs des formes littéraires dans l'ensemble d'apprentissage et dans l'ensemble de test.

	Total	Illustration	Liste	Note	Récit	Sommaire
Ensemble d'apprentissage	646	31	54	243	248	70
Ensemble de test	322	15	27	121	124	35
% de classes dans les deux ensembles	100	4,8	8,4	37,6	38,4	10,8

TABLE 4.3 – *Effectifs des classes*

Comme nous l'avons dit en supra, les classes « récit » et « note » sont fortement représentées du fait du domaine d'application des biographies de personnages célèbres.

Nous avons ensuite appliqué trois outils de classifications pour classer les contextes de la base de test : treillis de Galois, arbre de décisions et k-plus proche voisins. Dans ces expériences, l'accent est mis sur les treillis de Galois, les premières expériences menées montrent l'efficacité de cet outil pour classer les contextes appelés.

4.1.5 Classification avec les treillis de Galois

Pour effectuer la discrétisation, nous avons utilisé la discrétisation de C4.5 (nous faisons référence à cette méthode de discrétisation par « Disc_C4.5 ») et la discrétisation par sélection et coupure d'intervalles avec le critère de coupure de Hotelling déjà présenté dans la section 2.2.2.1 du chapitre 2 (« Disc_Hotteling »). Les méthodes de discrétisation sont appliquées à partir de la table de données quantitatives : contextes de l'ensemble d'apprentissage / caractéristiques (voir un exemple de deux contextes dans le tableau 4.2).

Pour effectuer la classification des contextes de l'ensemble de test, nous avons utilisé les deux techniques de classification basées sur : l'exploration du treillis (auquel nous faisons référence par « Exp_Treillis ») et sur la recherche du plus petit concept contenant l'exemple à classer

(« Rech_PPC »). Ces deux techniques ont déjà été présentées dans la section 2.2.3. Dans chaque technique, pour indiquer que le cas 1 [2] ou le cas 2 est utilisé, nous rajoutons « cas1 » ou « cas2 » à la fin de la référence de la méthode (par exemple « Exp_Treillis_cas2 »), et dans le cas 2 on rajoute à la référence de la méthode « VM » ou « PC » pour indiquer, dans l'ordre, l'utilisation de la méthode du vote à la majorité ou de la méthode du vote au maximum de pourcentages des classes (comme « Exp_Treillis_cas2_VM »).

Nous avons appliqué les méthodes de classification suivantes :

1. A partir de la table discrétisée obtenue par « Disc_Hotteling », les méthodes de classification appliquées sont « Exp_Treillis_cas2_VM » et « Exp_Treillis_cas2_PC ».

2. A partir de la table discrétisée obtenue par « Disc_C4.5 », les méthodes de classification appliquées sont « Exp_Treillis_cas1 », « Exp_Treillis_cas2_VM »,
« Exp_Treillis_cas2_PC » et « Rech_PPC_cas1 ».

Tous les résultats de classification obtenus avec les treillis de Galois sont présentés dans le tableau 4.4.

---

2. Les cas 1 et 2 ont déjà été montrés dans la section 2.2.3. On rappelle, le cas 1 représente le cas où la table binaire comprend, en plus des attributs des caractéristiques, les attributs qui précisent la classe pour un contexte, alors que le cas 2 représente le cas où la table binaire ne comprend que les attributs des caractéristiques.

Méthode de discrétisation	Méthode de classification		Total	Illustration	Liste	Note	Récit	Sommaire
		Effectifs	322	15	27	121	124	35
Disc_ C4.5	Exp_ Treillis_ cas2_ VM	Classés	222	10	16	100	76	20
		Correctement classés	177	3	9	92	64	9
	Exp_ Treillis_ cas2_ PC	Classés	247	12	16	111	82	26
		Correctement classés	191	5	9	103	64	10
	Exp_ Treillis_ cas1	Classés	97	6	10	24	46	11
		Correctement classés	66	3	6	15	36	6
	Rech_ PPC_ cas1	Classés	132	6	4	60	48	14
		Correctement classés	109	3	3	54	42	7
Disc_ Hotteling	Exp_ Treillis_ cas2_ VM	Classés	71	1	1	46	21	2
		Correctement classés	59	0	1	45	13	0
	Exp_ Treillis_ cas2_ PC	Classés	315	14	24	121	121	35
		Correctement classés	123	13	12	65	26	7

TABLE 4.4 – *Résultats de classification obtenus avec les treillis de Galois*

4.1.6 Classification avec k-ppv et arbres de décision

Nous avons appliqué les deux méthodes de reconnaissance de formes *k-ppv* et les arbres de décision (l'algorithme C4.5) pour classer les contextes de la base de test, les contextes des deux bases d'apprentissage et de test étant représentés par leurs caractéristiques quantitatives.

Avec les valeurs suivantes du paramètre k de la méthode *k-ppv* $\{1, 2, 3, 4, 5, 10, 15, 20\}$ et avec le vote majoritaire, nous avons obtenu un meilleur classement pour $k = 3$. Le nombre de formes littéraires correctement classées avec le *k-ppv* est de 246, et celui avec les arbres de décision est de 105. Le tableau 4.5 récapitule les résultats obtenus par les deux méthodes de reconnaissance.

Méthode de classification		Total	Illustration	Liste	Note	Récit	Sommaire
	Effectifs	322	15	27	121	124	35
k-ppv	Correctement classés, k=1	244	3	12	112	103	14
	Correctement classés, k=2	244	3	12	112	103	14
	Correctement classés, k=3	246	4	9	106	113	14
	Correctement classés, k=4	244	4	7	109	112	12
	Correctement classés, k=5	241	6	4	107	112	12
	Correctement classés, k=10	241	6	2	110	111	12
	Correctement classés, k=15	235	6	1	105	111	12
	Correctement classés, k=20	232	6	3	102	111	10
Arbres de décision	Correctement classés	105	15	2	88	0	0

TABLE 4.5 – *Résultats de classification obtenus avec les k-ppv et les arbres de décision*

4.1.7 Discussion

Dans cette partie, nous avons présenté les résultats de classification des formes littéraires des contextes appelés obtenus avec trois outils de reconnaissance des formes : les treillis de Galois, les k-ppv et les arbres de décision. Les résultats obtenus montrent la supériorité du k-ppv par rapport aux autres outils utilisés. L'avantage principal de cette méthode réside dans une programmation extrêmement rapide et un temps d'accès aux informations utiles immédiat (pas de nécessité d'apprentissage). Cependant, l'inconvénient majeur de cette méthode est qu'elle requiert un espace mémoire important pour stocker les données de la base d'apprentissage.

Avec les treillis de Galois, les meilleurs résultats sont obtenus à partir de la discrétisation C4.5, en utilisant la méthode d'exploration du treillis, cas 2 et la règle du vote à la majorité et du vote au maximum de pourcentages des classes. Le nombre d'intervalles générés par la discrétisation C4.5 est 55 intervalles. A partir de la même discrétisation et en utilisant la méthode d'exploration du treillis et en considérons le cas 1, les résultats sont moins bons parce que les classes sont présentes dans peu de concepts du treillis. Pour la discrétisation obtenue à partir du critère de Hotelling, les résultats sont aussi moins bons. Ceci peut être expliqué parce que 1) toutes les caractéristiques n'ont pas été utilisées pour la discrétisation. En effet, sur les 10 caractéristiques, seules 7 sont sélectionnées par le critère de Hotelling et utilisées pour construire le treillis et 2) 17 intervalles sur les 23 générés, en utilisant le critère de Hotelling, sont très peu discriminants. En effet, d'un côté, 7 intervalles contiennent un nombre d'exemples de l'ensemble d'apprentissage compris entre 500 et 641 sur 646, et 10 intervalles contiennent un nombre d'exemples compris entre 3 et 42. D'autre part, la classification avec les treillis de Galois construits en utilisant la dernière discrétisation est nettement moins coûteuse en terme de temps d'exécution que celle avec les treillis construit en utilisant la discrétisation C4.5, et ce, parce que la construction du treillis est exponentielle en fonction du nombre d'attributs qui est environ deux fois plus grand avec la discrétisation C4.5.

Les meilleurs résultats de classifications obtenus avec le treillis de Galois construit à partir de la discrétisation C4.5 montrent la supériorité des treillis de Galois par rapport aux arbres de décision en terme de bon classement. Il a déjà été montré dans [Guillas et al., 2005] que l'arbre de décision est inclus dans le treillis si les deux sont construits à partir de la même table binaire. L'approche avec un treillis propose un grand nombre de séquences de classification. Cependant, les treillis de Galois sont de grande taille, d'où un coût important en temps de calcul. Ils restent néanmoins intéressants eu égard aux expérimentations que nous avons menées.

4.2 Caractérisation des contextes par des mots clés

Dans cette section, nous présentons une expérimentation de la caractérisation des contextes à partir du contenu textuel des contextes et à partir du contenu textuel des pages qui pointent vers les contextes. Pour des raisons de simplification expérimentale, nous considérons que les contextes appelants et appelés correspondent aux pages web. Nous parlerons donc de caractérisation des pages web par des mots clés. Avant de présenter les expérimentations, nous présentons les mesures de similarité que nous avons utilisé pour comparer et évaluer les expériences : l'indice de Jaccard et la mesure de cosinus.

4.2.1 Indice de Jaccard

L'indice de similarité de Jaccard entre deux documents D_1 et D_2 est le nombre de mots communs divisé par le nombre total de mots moins le nombre de mots communs.

$$s_j = \frac{m_c}{m_1 + m_2 - m_c} \qquad (4.1)$$

où m_c = nombre de mots en commun,
m_1 = taille du lexique des documents D_1,
m_2 = taille du lexique des documents D_2,
$m_1 + m_2$ = lexique m_1 + lexique m_2.

Les vecteurs qui représentent les documents avec l'indice de Jaccard se fondent sur la présence/absence des mots. Ils n'utilisent pas les valeurs numériques et les fréquences, seulement l'absence ou la présence de mots, qu'on peut caractériser par un 0 (absence) ou par un 1 (présence).

4.2.2 Mesure de cosinus

Pour cette mesure, on utilise la représentation avec la fréquence des mots. Soit D et D' deux documents et $\mathbf{V} = (a_1, \ldots, a_n)$ et $\mathbf{V}' = (b_1, \ldots, b_n)$, les deux vecteurs de fréquence représentant les deux documents.

D et D' sont similaires si leurs vecteurs sont confondus. Si D et D' ne sont pas similaires, leurs vecteurs forment un angle α dont le cosinus vaut :

$$\cos \alpha = \cos(\mathbf{V}, \mathbf{V}') = \frac{\sum_{j=1}^{n} a_j b_j}{\sqrt{\sum_{j=1}^{n} a_j^2} \sqrt{\sum_{j=1}^{n} b_j^2}} \tag{4.2}$$

4.2.3 Résultats expérimentaux

Les expérimentations de caractérisation ont été menées sur un échantillon de 10 pages web (voir tableau 4.6). Ces dernières ont été choisies par rapport au nombre de liens qui pointent vers elles, et par rapport à la variété des serveurs d'origines des liens. Certaines pages possèdent un contenu textuel riche, et d'autres sont moins riches en texte.

Pour chacune des pages, les pères ont été retrouvés grâce à la fonction *link* autorisée par le moteur de recherche Google. Nous avons été confrontés aux limites dues aux moteurs de recherche. En effet, ceux-ci ne renvoient pas toute l'information disponible. Par exemple, pour le site de canalplus[3], Google indique « environ 1 210 réponses » mais n'en affiche que 321. Ceci peut s'expliquer par des raisons pratiques (gain de temps), mais il existe aussi une volonté de la part des concepteurs des moteurs de ne pas dévoiler la totalité de leurs informations en particulier pour les requêtes utilisant la fonction *link* [Bar-Ilan, 2001]. Il est donc impossible d'obtenir avec ces outils un sous-graphe exhaustif du graphe web.

---

3. http ://www.canalplus.fr/

Parmi les pages qui pointent vers les pages de l'échantillon, nous n'avons retenu que les pages écrites en français, et parmi les pages provenant d'un même site, nous n'en retenons qu'une seule.

Le tableau 4.6 représente les adresses des pages choisies, ainsi que le nombre de liens qui pointent vers elles.

URL de pages web du corpus	Nombre de liens qui pointent
http ://www.spa.asso.fr/	54
http ://www.cuisineaz.fr/	132
http ://www.salon-agriculture.com/	66
http ://www.canalplus.fr/	68
http ://www.agirpourlenvironnement.fr	32
http ://www.medecine-et-sante.com/	17
http ://www.ecologie.gouv.fr/sommaire.php3	45
http ://www.eurosport.fr/	58
http ://www.minefi.gouv.fr/	69
http ://www.culture.fr/	18

TABLE 4.6 – *Échantillon de pages web pour appliquer les méthodes de caractérisation de pages web par des mots clés*

Les pages web du corpus ont été ensuite étudiées par des étudiants en documentation dans le but d'extraire des mots clés. Il n'y a pas de consignes données aux étudiants outre le fait de proposer des mots clés, ils ont produits en moyenne 10 mots clés par page de l'échantillon. Pour la caractérisation automatique des pages, nous avons appliqué les méthodes suivantes :

- la méthode TFIDF décrite précédemment (c.f. § 2.4), qui caractérise les pages en se basant sur le contenu des pages elles-mêmes,

- la méthode de caractérisation des pages qui utilise les textes des ancres des liens qui pointent vers les pages (nous y faisons référence par AncT),

- la méthode de caractérisation des pages qui utilise les textes compris entre des balises spécifiques. Ces dernières comprennent les liens qui pointent vers les pages. Les balises utilisées sont celles de paragraphes ($<p>*</p>$) ; de listes ($<li>*</li>$, $<ul>*</ul>$, $<ol>*</ol>$) ; de retour à la ligne ($
</br>$) ; de définitions de cellules des tableaux ($<td></td>$, $<tr>*</tr>$) (nous faisons référence à la méthode par TBTags),

- combinaison de la méthode TFIDF et de celle qui utilise les textes des ancres
  ({TFIDF+AncT}),
- combinaison de la méthode TFIDF et de celle qui utilise les textes compris entre les balises spécifiques ({TFIDF+TBTags}),

Une fois les méthodes de caractérisation appliquées, nous avons utilisé les mesures de similarité, l'indice de Jaccard et la mesure de cosinus, pour évaluer et comparer les résultats obtenus. Le tableau 4.7 présente les résultats d'évaluation et de comparaison des méthodes. Dans ce dernier tableau, X ⇔ Y indique qu'on calcul une mesure de similarité entre X et Y.

mesure de similarité		http://www.spa.asso.fr/	http://www.cuisineaz.fr/	http://www.salon-agriculture.com/	http://www.canalplus.fr/	http://www.agirpourlenvironnement.fr	http://www.medecine-et-sante.com/	http://www.ecologie.gouv.fr/sommaire.php3	http://www.eurosport.fr/	http://www.minefi.gouv.fr/	http://www.culture.fr/	Moyenne
tf-idf⇔	cos	11,7	13,3	50	18,6	21,0	24,2	22,3	30,7	9,6	29,1	**23,0**
Expert	jacc	5,4	5,2	33,3	5,6	9,8	10,5	9,0	18,4	3,7	14,6	**11,5**
AncT⇔	cos	33,1	59,7	78,6	30,4	47,3	43,3	75,0	12,5	83,4	45,1	**50,8**
Expert	jacc	12,9	9,5	19,0	6,0	9,6	25,0	60,0	5,5	21,2	12,5	**18,1**
TBTags⇔	cos	27,6	54,6	45,6	17,8	40,7	21,5	49,4	1,8	59,6	28,2	**34,7**
Expert	jacc	1,9	2,7	0,3	1,4	2,2	1,4	8,9	2,4	0,9	1,8	**2,4**
{tfidf+ AncT}	cos	33,9	58,7	78,7	32,4	48,4	42,2	48,1	14,3	76,9	46,6	**48,0**
⇔Expert	jacc	10,0	9,2	18,1	6,2	10,7	8,7	15,2	18,5	6,9	14,5	**11,8**
{tf-idf+ TBTags}	cos	27,9	54,6	45,8	19,3	41,3	22,8	52,4	6,6	59,7	28,0	**35,8**
⇔Expert	jacc	2,2	3,0	0,3	1,8	2,6	1,3	6,9	16,2	0,9	2,0	**3,7**
tf-idf⇔	cos	10,4	30,7	60,5	16,3	19,4	21,0	16,7	10,8	11,8	7,7	**20,5**
AncT	jacc	1,6	11,1	25,0	3,2	5,5	9,5	6,6	3,0	6,1	2,8	**7,4**
tf-idf⇔	cos	7,8	24,8	23,1	6,6	15,3	18,8	8,2	0,2	5,9	12,1	**12,3**
TBTags	jacc	3,7	3,9	0,3	3,3	2,4	5,0	5,0	1,1	3,2	3,7	**3,2**

TABLE 4.7 – *Comparaison des résultats des méthodes de caractérisation, chaque valeur représente l'indice de similarité de Jaccard ou de cosinus multiplié par 100.*

4.2.4 Discussion

On peut constater que la méthode utilisant les textes des ancres caractérise au mieux les pages. Elle fournit une information deux fois meilleure que celle apportée par la TFIDF pour presque toutes les pages. Elle est même meilleure que TFIDF pour la page ayant le plus petit nombre de liens qui pointent vers elle. Cela peut être expliqué par plusieurs raisons :

- Les pages de l'échantillon sont des pages d'accueil, leur contenu textuel n'est pas très riche.
- La plupart des liens qui pointent vers les pages de l'échantillon sont des liens externes. Nous avons signalé au chapitre 1 que ces liens sont le plus souvent de type référence. Chaque lien de ce type comprend généralement dans son texte d'ancre une information succincte et descriptive de la cible.

La similarité entre les textes des ancres et la TFIDF est de l'ordre de 20% en moyenne pour l'indice de cosinus. Cette faible similarité peut être due au problème de la synonymie, parce que les auteurs des pages sont différents.

On peut aussi constater que les textes entre balises spécifiques caractérisent moins bien les cibles. Ceci peut être expliqué par la collecte des termes loin du lien, parce que plus on s'éloigne de ce dernier plus les sujets bifurquent. Néanmoins, les résultats obtenus restent en moyenne meilleurs que ceux obtenus avec la TFIDF.

Conclusion et perspectives

Cette étude visait à l'extraction de la sémantique formelle des liens hypertextes natifs pour l'aide à la navigation, pour les moteurs de recherche du web actuel et du web sémantique ainsi que pour favoriser l'émergence du web sémantique.

Nous avons d'abord étudié l'évolution de l'écriture du papyrus à l'hypertexte. Il en est ressorti que l'homme est passé de l'écriture comme simple trace matérielle du discours oral à un système autonome de plus en plus structuré dont l'hypertexte est la dernière évolution en date. Ensuite, après avoir défini les composants de l'hypertexte, nous avons étudié quelques stratégies d'utilisation des liens dans la recherche d'informations. Nous avons montré que ces stratégies, utilisant les liens quantitativement, devraient prendre en compte la sémantique des liens pour améliorer la qualité de la recherche d'informations. Ensuite, nous avons étudié quelques problèmes causés par les liens aux lecteurs et quelques éléments pouvant les aider dans la navigation ainsi que la possibilité d'automatisation d'une partie de ces éléments. Enfin, après avoir présenté le principe des assistants à la navigation, nous avons donné un exemple pour montrer l'intérêt de la sémantique des liens pour ces assistants.

La principale contribution de ce travail est la mise en place d'une nouvelle méthode d'extraction de la sémantique formelle des liens hypertextes. La méthode consiste à synthétiser la sémantique du contexte appelant du lien, du contexte appelé par le lien et à répondre à la question suivante : « pourquoi l'auteur propose au lecteur d'aller, à partir du sujet qu'il est en train de lire dans le contexte appelant du lien, consulter le sujet du contexte appelé par le lien ? ». La réponse à cette question se trouve dans la ou les relations sémantiques entre le contexte appelant et le contexte appelé. Nous avons montré qu'avec l'attribut *role* de Xlink, l'explicitation de la relation sémantique est limitée, par exemple elle n'est pas adaptée pour représenter une relation sémantique du type « a vécu à ». Nous proposons donc un modèle de phrase simple dans lequel il est possible de représenter toute relation sémantique. Ce modèle consiste à relier un concept du contexte appelant par une relation sémantique à un concept du contexte appelé. Le modèle peut être instancié plusieurs fois pour représenter toute la sémantique d'un lien.

Pour valider la méthode, nous avons travaillé sur un corpus constitué des biographies de personnages célèbres. Les tests d'extraction manuelle de la sémantique formelle des liens du corpus montrent que la méthode est opérationnelle.

Pour être à l'échelle du web sémantique, nous avons construit une ontologie à partir de la sémantique extraite des liens, et l'avons représentée par RDFS. Nous avons aussi montré la possibilité de représenter la sémantique formelle des liens hypertextes par RDF.

L'extraction de la sémantique se fait, dans un premier temps, manuellement. Dans un projet d'automatisation, nous proposons une aide à cette extraction qui consiste en 1) l'extraction des formes littéraires des contextes appelés en utilisant des outils de reconnaissance des formes. Les outils utilisés sont les treillis de Galois, les arbres de décisions et les k-plus proches voisins. Les résultats de classification obtenus avec les k-ppv montrent leur efficacité pour la classification des formes littéraires des contextes appelés et 2) la caractérisation des contextes par des mots clés.

Le web se voit comme un immense réseau d'informations structurées et dont les éléments de structure sont les hyperliens. L'explicitation de la sémantique des liens natifs, selon le modèle proposé, s'avère pertinente pour le web parce que, outre les intérêts pour les lecteurs et les moteurs de recherche, 1) elle ne nécessite pas un grand effort de la part des auteurs pour synthétiser, au moment de la création du lien, la sémantique du contexte appelant du lien et du contexte appelé par le lien ainsi que pour expliciter les relations sémantiques entre les concepts du contexte appelant et les concepts du contexte appelé et 2) son explicitation est plus simple que celle de la sémantique de la totalité des textes, elle est donc pertinente pour accélérer l'émergence du web sémantique.

Concernant nos perspectives, nous envisageons 1) de développer des outils permettant aux auteurs d'entrer facilement la sémantique formelle des liens hypertextes. Ces outils devraient permettre aux auteurs d'interagir avec l'ontologie pour choisir facilement les concepts qui décrivent les contextes ou sinon pour ajouter des nouveaux concepts à l'ontologie. 2) De permettre la génération automatique des codes RDF. 3) D'élargir nos expérimentations de classification des contextes avec des outils d'apprentissage supervisé. 4) De trouver des outils de reconnaissance des relations sémantiques lorsqu'elles ne sont pas représentables avec les types des liens et 5) de participer à l'élaboration des nouveaux outils permettant d'exploiter le code RDF généré.

Bibliographie

[AFNOR, 1981] AFNOR (1981). Règles d'établissement des thésaurus monolingues. *Z 47-100. Paris,*.

[Agosti et Allan, 1997] AGOSTI, M. et ALLAN, J. (1997). Methods and tools for the construction of hypertext. *Information Processing and Management*, 33(2):129–271.

[Agosti et Smeaton, 1996] AGOSTI, M. et SMEATON, A. F. (1996). Hypertext and information retrieval. *Kluwer, Boston, United States of America.*

[Aguiar et Beigbeder, 2000] AGUIAR, F. et BEIGBEDER, M. (2000). Des moteurs de recherche efficaces pour des systèmes hypertextes grâce aux contextes des noeuds. *Colloque International : Technologies de l'Information et de la Communication dans les Enseignements d'ingénieurs et dans l'industrie (TICE'2000).*

[AL-HAJJ *et al.*, 2006] AL-HAJJ, M., VERLEY, G. et CARDOT, H. (2006). Sémantique des liens hypertextes. *9e Colloque International sur le Document Électronique CIDE 9*, pages 115–132.

[Allan, 1995] ALLAN, J. (1995). *Automatic hypertext construction.* Thèse de doctorat, Cornell University.

[Allan, 1996] ALLAN, J. (1996). Automatic hypertext link typing. *In Proceedings for the Hypertext'96 Conference, Washington D.C., United States of America. ACM*, pages 42–52.

141

[Amitay et Paris, 2000] AMITAY, E. et PARIS, C. (2000). Automatically summarising web sites - is there a way around it? *In CIKM*, pages 173–179.

[Attardi *et al.*, 1998] ATTARDI, G., DI MARCO, S. et SALVI, D. (1998). Categorisation by context. *J. UCS*, 4(9):719–736.

[Bachimont, 1999] BACHIMONT, B. (1999). Bibliothèques numériques audiovisuelles : des enjeux scientifiques et techniques. *Document Numérique, Numéro spécial Les bibliothèques numériques*, 2, n° 3-4:219–242.

[Balasubramanian, 1994] BALASUBRAMANIAN, V. (1994). *State of the Art Review on Hypermedia Issues And Applications*. Graduate School of Management, Rutgers University, New-Jersey.

[Balpe *et al.*, 1996] BALPE, J., LELU, A., SALEH, I. et PAPY, F. (1996). *Techniques avancées pour l'hypertexte*. Editions Hermès.

[Bar-Ilan, 2001] BAR-ILAN, J. (2001). How much information the search engines disclose on the links to a web page? a case study of the "cybermetrics" home page". *In Proceedings of the 8th International Conference on Scientometrics and Infometrics, ISSI*, pages 63–73, Sydney, Australia.

[Beckett, 1997] BECKETT, D. (1997). 30% accessible - a survey of the uk wide web. *In* GENESERETH, M. R. et PATTERSON, A., éditeurs : *Proceedings of the Sixth World Wide Web Conference*, pages 475–485. World Wide Web Consortium, Elsevier, Holland.

[Berners-Lee, 1999] BERNERS-LEE, T. (1999). *Weaving the Web*. Harper, San Francisco.

[Berners-Lee *et al.*, 1994] BERNERS-LEE, T., CAILLIAU, R., LUOTONEN, A., NIELSEN, H. F. et SECRET, A. (1994). Automatic ressource compilation by analysing hyperlink structure and associated text. *The world-wide web. Communications of the ACM*, 8:76–82.

142

[Berners-Lee *et al.*, 2001] BERNERS-LEE, T., HENDLER, J. et LAS-SILA., O. (2001). The semantic web : A new form of web content that is meaningful to computers will unleash a revolution of new possibilities. *Scientific American.*

[Bieber, 1993] BIEBER, M. (1993). Providing information systems with full hypermedia functionality. *Proceedings of the Twenty-Sixth Hawaii International Conference on System Sciences.*

[Birkhoff, 1967] BIRKHOFF, G. (1967). *Lattice Theory.* American Mathematical Society, Providence, RI, 3rd édition.

[Blanchard *et al.*, 2005] BLANCHARD, J., PETITJEAN, B., ARTIÈRES, T. et GALLINARI, P. (2005). Un système d'aide à la navigation dans des hypermédias. *In EGC*, pages 281–292.

[Bélisle *et al.*, 1999] BÉLISLE, C., ZEILIGER, R. et CERRATTO, T. (1999). S'orienter sur le web en construisant des cartes interactives : le navigateur nestor. *In hypermedias et Internet H2PTM'99 Balpe, Natkin, Lelu, Saleh, Hermes Science Publications, Paris.*

[Blustein et Webber, 1995] BLUSTEIN, J. et WEBBER, R. (July 1995). Using lsi to evaluate the quality of hypertext links. *Presented at ACM SIGIR IR and automatic Construction of Hypermedia : a research workshop, Maristella Agosti and James Allan, eds.*

[Botafogo *et al.*, 1992] BOTAFOGO, R. A., RIVLIN, E. et SHNEIDERMAN, B. (1992). Structural analysis of hypertexts : Identifying hierarchies and useful metrics. *ACM Transactions on Information Systems.*

[Botafogo et Shneiderman, 1991] BOTAFOGO, R. A. et SHNEIDERMAN, B. (1991). Identifying aggregates in hypertext structures. Rapport technique, Maryland, États-Unis, University of Maryland.

[Bray, 1996] BRAY, T. (1996). Measuring the web. *5ème World Wide Web Conference (WWW'96)*, pages 994–1005.

[Bray *et al.*, 2000] BRAY, T., PAOLI, J., SPERBERG-MCQUEEN, C. M. et MALER, E. (2000). "extensible markup language (XML) 1.0 (2nd edition)". Rapport technique, MIT, INRIA, Keio, W3C : World Wide Web Consortium.

[Brin et Page, 1999] BRIN, S. et PAGE, L. (1999). *The anatomy of a large-scale hypertextual Web search engine*. Numéro 107-117. Proc. of WWW8.

[Bringay *et al.*, 2003] BRINGAY, S., BARRY, C. et CHARLET, J. (2003). Les documents et les annotations du dossier patient hospitalier. *Information - Interaction - Intelligence.*

[Brusilovsky, 1997] BRUSILOVSKY, P. (1997). Efficient techniques for adaptive hypermedia. *In Intelligent Hypertext, advanced techniques for the world wide Web, C. Nicholas, J. Mayfield (Eds)*, pages 12–31.

[Bush, 1945] BUSH, V. (July 1945). As we may think. *The Atlantic Monthly.*

[Caillet *et al.*, 2004] CAILLET, M., PESSIOT, J.-F., AMINI, M.-R. et GALLINARI, P. (2004). Unsupervised learning with term clustering for thematic segmentation of texts. *In 7th Proceedings of Recherche d'Information Assistée par Ordinateur RIAO 2004.*

[Carpineto et Romano, 1993] CARPINETO, C. et ROMANO, G. (1993). Galois : An order-theoretic approach to conceptual clustering. *In ICML*, pages 33–40.

[Carriere et Kazman, 1997] CARRIERE, J. et KAZMAN, R. (1997). Webquery : Searching and visualizing the web the web through connectivity. *In Proceedings of the 6 th International World Wide Web Conference.*

[Chakrabarti *et al.*, 1998] CHAKRABARTI, S., DOM, B., RAGHAVAN, P., RAJAGOPALAN, S., GIBSON, D. et KLEINBERG, J. (1998). Automatic ressource compilation by analysing hyperlink structure and associated text. *In Proceedings of the 7 th International World Wide Web Conference (WWW7), Brisbane, Australia,*, pages 64–74.

[Charlet *et al.*, 2003] CHARLET, J., LAUBLET, P. et C., R. (2003). Action specifique 32 web semantique. Rapport technique, CNRS/STIC.

[Choi *et al.*, 2001] CHOI, F. Y. Y., WIEMER-HASTINGS, P. et MOORE, J. (2001). Latent semantic analysis for text segmentation. *In* LEE, L. et HARMAN, D., éditeurs : *Proceedings of the 2001 Conference on Empirical Methods in Natural Language Processing*, pages 109–117.

[Clark et DeRose, 1999] CLARK, J. et DEROSE, S. (1999). Xml path language (xpath) version 1.0. Rapport technique, MIT, INRIA, Keio, W3C : World Wide Web Consortium.

[Cleary et Bareiss, 1996] CLEARY, C. et BAREISS, R. (1996). Practical methods for automatically generating typed links. *Hypertext'96, Washington DC USA*.

[Conkin, 1987] CONKIN, J. (1987). Hypertext : An introduction and survey. *IEEE Computer*, 20(9):17–41.

[DAML, 2000] DAML (2000). *DAML. Darpa Agent Markup Language.* http ://www.darpa.org.

[Davey et Priestlay, 1991] DAVEY, B. et PRIESTLAY, H. (1991). *Introduction to lattices and orders.* Cambridge University Pres, 2nd Edition.

[Davison, 2000] DAVISON, B. D. (2000). Topical locality in the web. *In SIGIR '00 : Proceedings of the 23rd annual international ACM SIGIR conference on Research and development in information retrieval,* pages 272–279, New York, NY, USA. ACM Press.

[Dean et Henzinger, 1999] DEAN, J. et HENZINGER, M. (1999). Finding related pages in the world wide web. *In Proc. Eight Int'l World Wide Web Conf,* pages 389–401.

[Delort *et al.*, 2003] DELORT, J.-Y., BOUCHON-MEUNIER, B. et RIFQI, M. (2003). Enhanced web document summarization using hyperlinks. *In HYPERTEXT '03 : Proceedings of the fourteenth ACM conference on Hypertext and hypermedia*, pages 208–215, New York, NY, USA. ACM Press.

[DeRose *et al.*, 2001a] DeRose, S., Maler, E. et Daniel, R. (2001a). Xml pointer language (xpointer) version 1.0. Rapport technique, MIT, INRIA, Keio, W3C : World Wide Web Consortium.

[DeRose *et al.*, 2001b] DeRose, S., Maler, E. et Orchard, D. (2001b). Xml linking language (xlink) version 1.0. Rapport technique, MIT, INRIA, Keio, W3C : World Wide Web Consortium.

[Duquenne, 1999] Duquenne, V. (1999). Latticial structures in data analysis. *Theoretical Computer Science*, 217(2):407–436.

[Estivals, 1987] Estivals, R. (1987). *La bibliologie. Que sais-je ?* Paris : Presses Universitaires de France.

[Febvre et Martin, 1958] Febvre, L. et Martin, H.-J. (1958). *L'apparition du livre*. Paris, Albin Michel.

[Fensel *et al.*, 1998] Fensel, D., Decker, S., Erdmann, M. et Studer, R. (1998). Ontobroker : Or how to enable intelligent access to the www. *In Proceedings of KAW 98*, Banff, Canada.

[Ferret *et al.*, 1998] Ferret, O., Grau, B. et Masson, N. (1998). Thematic segmentation of texts : two methods for two kinds of texts. *In Proceedings of the 17th international conference on Computational linguistics*, pages 392–396, Morristown, NJ, USA. Association for Computational Linguistics.

[Fix, 1951] Fix, E.and Hodges, J. L. (1951). Dicriminatory analysis, nonparametric discrimination : Consistency properties. Rapport technique, USAF School of Aviation Medecine, Randolph Field, TX.

[Frunkranz Austrian, 1998] Frunkranz Austrian, J. (1998). Using links for classifying web-pages. Rapport technique, Austrian Research Institute for Artificial Intelligence, TR-OEFAI-98-29.

146

[FURST, 2004] FURST, F. (2004). *Contribution à l'ingénierie des ontologies : une méthode et un outil d'opérationnalisation.* Thèse de doctorat, Université de Nantes.

[Furuta *et al.*, 1988] FURUTA, R., QUINT, V. et ANDRÉ, J. (1988). Interactively editing structured documents. *Electronic Publishing*, 1(1):19–44.

[Gagneux et Emptoz, 2002] GAGNEUX, A. et EMPTOZ, H. (2002). Le document web, lisibilité, structure et oculométrie. *Revue d'Information Scientifique et Technique (RIST)*, 12:p. 27–38.

[Ganter, 1999] GANTER, B. (1999). Attribute exploration with background knowledge. *Theoretical Computer Science*, 217(2):215–233.

[Garfield, 1972] GARFIELD, E. (1972). Citation analysis as a tool in journal evaluation. *Science*, (178):471–479.

[Garfield, 1979] GARFIELD, E. (1979). *Citation indexing, its Theory and Application in Science, Technology, and Humanities.* New-York, John Wiley & Sons.

[Graham, 1997] GRAHAM, I. S. (1997). Rel and rev attributes for hypertext relationships.

[GRUBER, 1993] GRUBER, T. R. (1993). A translation approach to portable ontology specifications. *Knowledge Acquisition.*

[Géry, 2002] GÉRY, M. (2002). *Indexation et interrogation de chemins de lecture en contexte pour la Recherche d'Information Structurée sur le Web.* Thèse de doctorat, Université Joseph Fourier, Grenoble, France.

[Guigues et Duquenne, 1986] GUIGUES, J. et DUQUENNE, V. (1986). Familles minimales d'implications informatives résultant d'un tableau de données binaires. *Mathématiques, Informatique et Sciences Humaines*, 24(95):5–18.

[Guillas *et al.*, 2005] GUILLAS, S., BERTET, k. et OGIER, j.-M. (2005). Les treillis de galois : un outil pour la sélection de primitives ? *Traitement du Signal.*

[Guillas *et al.*, 2006] GUILLAS, S., BERTET, k. et OGIER, j.-M. (2006). Comment utiliser le treillis de galois en reconnaissance d'images. *Atelier ECOI, Conférence EGC 2006*, pages 31–36.

[Hamman, 1985] HAMMAN, A.-G. (1985). *L'épopée du livre. Du scribe à l'imprimerie.* Paris, Perrin-Libre Expression.

[Hearst, 1997] HEARST, M. A. (1997). Texttiling : segmenting text into multi-paragraph subtopic passages. *Comput. Linguist.*, 23(1):33–64.

[Hitchcock *et al.*, 1997] HITCHCOCK, S., CARR, L. S. H., HEY, J. M. N. et HALL, W. (1997). Citation linking : Improving access to online journals. *In Allen R. B. and Rasmussen E., editors, Proceedings of the 2ⁿᵈ ACM International Conference on Digital*, pages 115–122.

[Ingwersen, 1998] INGWERSEN, P. (1998). The calculation of web impact factors. *Journal of Documentation*, 54(2):236–243.

[John, 1998] JOHN, T. (June 1998). Finding links. *HYPERTEXT'98 : The Ninth ACM Conference on Hypertext and Hypermedia.*

[Kanawati *et al.*, 1999] KANAWATI, R., JACZYNSKI, M., TROUSSE, B. et ANDREOLI, J.-M. (1999). Applying the broadway recommendation computation approach for implementing a query refinement service in the cbkb meta search engine. *Plate-forme AFIA'99, Conférence de raisonnement à partir de cas (RàPC'99).*

[Kleinberg, 1999] KLEINBERG, J. (1999). Authoritative sources in a hyperlinked environment. *Journal of the ACM*, 46(5):604–632.

[Kopak, 1999] KOPAK, R. (1999). Functional link typing in hypertext. *In ACM Computing Surveys.*

[Kosala et Blockeel, 2000] KOSALA, R. et BLOCKEEL, H. (2000). Web mining research : A survey. *SIGKDD Explorations.*

[Kozima, 1993] KOZIMA, H. (1993). Text segmentation based on similarity between words. *In Proceedings of the 31st annual meeting on Association for Computational Linguistics*, pages 286–288, Morristown, NJ, USA. Association for Computational Linguistics.

[Larson, 1996] LARSON, R. (1996). Bibliometrics of the world wide web : An exploratory analysis of the intellectual structure of the cyberspace. *In Proceedings of the Annual Meeting of the American Society of Information Science, Baltimore.*

[Lawrence et al., 1999] LAWRENCE, S., GILES, C. L. et BOLLACKER, K. (1999). Digital libraries and autonomous citation indexing. *IEEE Computer*, 32(6):67–71.

[Lelu et al., 1999] LELU, A., HALLAB, M., RHISSASSI, H., PAPY, F., BOUYAHI, S., BOUHAÏ, N., HE, H., QI, C. et SALEH, I. (1999). Projet neuroweb : un moteur de recherche multilingue et cartographique. *5e conf. Int. H2PTM'99.*

[Lieberman, 1995] LIEBERMAN, H. (1995). Letizia : An agent that assists web browsing. *In* MELLISH, C. S., éditeur : *Proceedings of the Fourteenth International Joint Conference on Artificial Intelligence (IJCAI-95)*, pages 924–929, Montreal, Quebec, Canada. Morgan Kaufmann publishers Inc. : San Mateo, CA, USA.

[Luke et al., 1997] LUKE, S., SPECTOR, L., RAGER, D. et HANDLER, J. (1997). Ontology-based web agents. *In* JOHNSON, W. L. et HAYES-ROTH, B., éditeurs : *Proceedings of the First International Conference on Autonomous Agents (Agents'97)*, pages 59–68, Marina del Rey, CA, USA. ACM Press.

[Marshakova, 1973] MARSHAKOVA, I. V. (1973). *Document coupling system based on references taken from science citation index.* 2(6,3). Russia, Nauchno - Teknicheskaya Informatsiya.

[Martin, 1988] MARTIN, H.-J. (1988). *Histoire et pouvoirs de l'écrit.* Paris, Librairie académique Perrin.

[Mary et Rouse, 1989] MARY, A. et ROUSE, R. H. (1989). *La naissance des index*. Histoire de l'édition française, t. 1, Paris.

[Menczer, 2001] MENCZER, F. (2001). Links tell us about lexical and semantic web content. Rapport technique, Computer Science, abstract CS.IR/0108004, arXiv.org.

[Mephu Nguifo et Njiwoua, 2005] MEPHU NGUIFO, E. et NJIWOUA, P. (2005). Treillis de concepts et classification supervisée. *Technique et Science Informatiques*.

[Michard, 1998] MICHARD, A. (1998). *XML, langage et applications (Broché)*. Eyrolles.

[Mladenic, 1996] MLADENIC, D. (1996). Personal webwatcher : Design and implementation. Rapport technique, School of Computer Science, Carnegie-Mellon University, Pittsburgh, USA.

[Mourad, 2001] MOURAD, G. (2001). *Analyse informatique des signes typographiques pour la segmentation de textes et l'extraction automatique de citations. Réalisation des Applications informatiques : SegA-Tex et CitaRE*. Thèse de doctorat, Paris, Sorbonne.

[Nelson, 1965] NELSON, T. (1965). A file structure for the complex, the changing and the indeterminate. *ACM 20th National Conference*.

[Nelson, 1981] NELSON, T. (1981). *Literary Machines*. Swathmore, Pa.

[Njike Fotzo, 2004] NJIKE FOTZO, H. (2004). *Structuration Automatique de Corpus Textuels par Apprentissage Automatique*. Thèse de doctorat, Université de Paris 6, Paris, France.

[Noy et Mcguinness, 2001] NOY, N. F. et MCGUINNESS, D. L. (2001). Ontology Development 101 : A Guide to Creating Your First Ontology. *http ://www.ksl.stanford.edu/people/dlm/papers/ontology101/ontology101-noy-mcguinness.html*.

[Page *et al.*, 1998] PAGE, L., BRIN, S., MOTWANI, R. et WINOGRAD, T. (1998). The pagerank citation ranking : Bringing order to the web. Rapport technique, Stanford Digital Library Technologies Project.

[Papy et Bounai, 2003] PAPY, F. et BOUNAI, N. (2003). Navigation et recherche par catégorisation floue des pages html. *Actes des JET'2003.*

[Patel-Schneider et Fensel, 2002] PATEL-SCHNEIDER, P. F. et FENSEL, D. (2002). Layering the semantic web : Problems and directions. *In First International Semantic Web Conference (ISWC2002), Sardinia, Italy.*

[Pirolli *et al.*, 1996] PIROLLI, P., PITKOW, J. et RAO, R. (1996). Silk from a sow's ear : extracting usable structures from the web. *ACM Conference on Human Factors in Computing Systems (CHI'96).*

[Pitkow et Pirolli, 1997] PITKOW, J. et PIROLLI, P. (1997). Life, death and lawfulness on the electronic frontier. *In Proceedings of the ACM SIGCHI Conference on Human Factors in Computing System, CHI'97*, pages 118–125.

[Prime *et al.*, 002a] PRIME, C., BASSECOULARD, E. et ZITT, M. (2002a). *Co-citations and co-sitations : a cautionary view on an analogy.*, volume 54(2). Scientometrics.

[Prime-Claverie *et al.*, 2003] PRIME-CLAVERIE, C., BEIGBEDER, M. et LAFOUGE, T. (2003). Propagation de métadonnées par l'analyse des liens. *Journées Francophones de la Toile - JFT'2003.*

[Radhouani *et al.*, 2004] RADHOUANI, S., CHEVALLET, J.-P. et GÉRY, M. (2004). Un modèle à base de chemin de lecture pour la recherche d'informations précises sur le web. *In CORIA*, pages 249–270.

[Rao et Turoff, 1990] RAO, U. et TUROFF, M. (1990). Hypertext functionality : A theoretical framework. *International Journal of Human-Computer Interaction.*

[RDF, 2002] RDF (2002). *RDF, Resource Description Framework Specification.* http ://www.w3.org/TR/REC-rdf-syntax/.

[Resnick et Varian, 1997] RESNICK, P. et VARIAN, H. R. (1997). Recommender systems. *Communications of the ACM.*

[Rhéaume, 1991] RHÉAUME, J. (1991). Hypermédias et stratégies pédagogiques. *La Passardière (de) B. ; Baron G-L. (Ed.), "Premier colloque Hypermédias et Apprentissages".*

[Rhéaume, 1993] RHÉAUME, J. (1993). L'enseignement des hypermédias pédagogiques. *Baron, G. L., Baudé, J., De La Passardière, B. (Ed.), "Deuxième colloque Hypermédias et Apprentissages".*

[Saleh, 2001] SALEH, I. (2001). *Web sémantique, dynamique et coopératif.* HDR, Université de Paris VIII.

[Salton, 1971] SALTON, G. (1971). *The SMART Retrieval System.* Prentice-Hall.

[Salton, 1991] SALTON, G. (1991). The smart document retrieval project. *In Proceedings of the 4th Annual International ACM/SIGIR Conference on Research and Development in Information Retrieval,* pages 356–358.

[Salton et Buckley, 1987] SALTON, G. et BUCKLEY, C. (1987). Term weighting approaches in automatic text retrieval. Rapport technique, Ithaca, NY, USA.

[Salton *et al.*, 1982] SALTON, G., FOX, E. A. et WU, H. (1982). Extended boolean information retrieval. Rapport technique, Ithaca, NY, USA.

[Salton et McGill, 1986] SALTON, G. et MCGILL, M. J. (1986). *Introduction to Modern Information Retrieval.* McGraw-Hill, Inc., New York, NY, USA.

[Salton *et al.*, 1996] SALTON, G., SINGHAL, A., BUCKLEY, C. et MITRA, M. (1996). Automatic text decomposition using text segments and text themes. *Hypertext 1996,* pages 53–65.

[Sanderson et Croft, 1999] SANDERSON, M. et CROFT, W. (1999). Deriving concept hierarchies from text. *In Proceedings of the 22nd annual international ACM SIGIR conference on Research and Development in Information Retrieval.*

[Small, 1973] SMALL, H. (1973). Co-citation in the scientific literature. *Journal of the American Society for Information Science*, 24:265–269.

[Smith et Weiss, 1988] SMITH, J. et WEISS, S. (1988). An overview of hypertext. *CACM*.

[Spertus et Stein, 2000] SPERTUS, E. et STEIN, L. A. (2000). Squeal : A structured query language for the web. *9ème World Wide Web Conference (WWW'00)*.

[Stephen, 1997] STEPHEN, G. (1997). Building hypertext links in newspaper articles using semantic similarity. *Proceedings of Third Workshop on Application of Natural Language to Information Systems (NLDB'97)*.

[Sutter, 1997] SUTTER, E. (1997). *Dictionnaire encyclopédique de l'information et de la documentation*. Paris, Nathan, p.194-195.

[Teasdale, 1995] TEASDALE, G. (1995). *L'hypertexte : historique et applications en bibliothéconomie*. Cursus.

[Trigg, 1983] TRIGG, R. (1983). *A network-based approach to text handling for the online scientific community*. Thèse de doctorat, University of Maryland, Department of Computer Science.

[Trousse, 1999] TROUSSE, B., J.-M. e. K. R. (1999). Une approche fondée sur le raisonnement à partir de cas pour l'aide à la navigation dans un hypermédia. *In Proceedings of Hypertexte and Hypermedia : Products, Tools and Methods (H2PTM'99)*.

[Vandendorpe, 1999] VANDENDORPE, C. (1999). *Du papyrus à l'hypertexte, essai sur les mutations du texte et de la lecture*. La Découverte.

[Verley et Rousselle, 2000] VERLEY, G. et ROUSSELLE, J. (2000). An evolved link-specification language for creating and sharing documents on the web. *CRIS 2000 Current Research Information Systems*.

[Vignaux, 2001] VIGNAUX, G. (2001). L'hypertexte. qu'est-ce que l'hypertexte. origines et histoire. *France : Maison des Sciences de l'Homme de Paris*.

[Wexelblat et Maes, 1997] WEXELBLAT, A. et MAES, P. (1997). Footprints : Visualizing histories for web browsing. *Actes de la 5ème conférence sur la Recherche d'Information Assistée par Ordinateur sur Internet (RIAO'97)*.

[Wilkinson et Smeaton, 1999] WILKINSON, R. et SMEATON, A. F. (1999). *Automatic link generation*, volume 31(4).

[Wille, 1982] WILLE, R. (1982). Restructuring lattice theory : an approach based on hierarchy on contexts. *Ordered sets*, pages 445–470.

[Yaari, 1997] YAARI, Y. (1997). Segmentation of expository texts by hierarchical agglomerative clustering. *CoRR*.

[Yan *et al.*, 1996] YAN, T., JACOBSEN, M., G.-M. H. et DAYAL, U. (1996). From user access patterns to dynamic hypertext linking. *In Proceedings of the 5th International World Wide Web Conference*, pages 1007–1014, Elsevier. Computer Network and ISDN Systems.

Annexe A

Classification basée sur les treillis de Galois

Nom : recherche_plus_petit_concept_1

Données: G : ensemble des objets ;

M : ensemble des attributs ;

Le contexte formel $C = (G, M, R)$;

Classes = $\{c(g)$ t.q. $g \in G\}$: ensemble des classes des objets de G ;

Le treillis de concept : $\beta(C)$ et la relation $\leq$ entre les concepts ;

x : objet à classer défini par l'ensemble des ses attributs binaires $att(x)$;

Variables :

classe_trouvé : booléen ;

Résultat: une classe de *Classes* ou rien

début

classe_trouvé = faux ;

pour chaque $(A, B) \in \beta(C)$ **faire**

si $att(x) \subseteq B$ *et B est minimal* **alors**

si $\exists c \in Classes$ t.q. $c \in B$ **alors**

classe_trouvé = vrai ;

retourner $[c]$;

si *classe_trouvé=faux* **alors**

retourner [pas de classe trouvé pour x];

fin

Algorithm 2: *Classification de x : cas ou M comprend les attributs de classes*

Nom : recherche_plus_petit_concept_2

Données: G : ensemble des objets ;

M : ensemble des attributs ;

Le contexte formel $C = (G, M, R)$;

Classes = $\{c(g)$ t.q. $g \in G\}$: ensemble des classes des objets de G ;

Le treillis de concept : $\beta(C)$ et la relation $\leq$ entre les concepts ;

x : objet à classer défini par l'ensemble des ses attributs binaires $att(x)$;

Variables :

classe_trouvé : booléen ;

Résultat: une classe de $Classes$

début

> **pour chaque** $(A, B) \in \beta(C)$ **faire**
>> **si** $att(x) \subseteq B$ et B *est minimal* **alors**
>>> concept_trouvé = (A, B) ;
>>> sortir de **pour chaque** ;
>
> **si** $C(concept\_trouvé) = \{c_i\}$ **alors**
>> **retourner** $[c_i]$;
>
> **sinon**
>> **pour chaque** $c \in C(concept\_trouvé)$ **faire**
>>> nombre(c)=0;
>>> **pour chaque** $obj \in objet(concept\_trouvé)$ **faire**
>>>> **si** $C(objet) = c$ **alors**
>>>>> nombre(c) = nombre(c) + 1 ;
>>
>> **pour chaque** $c \in C(concept\_trouvé)$ **faire**
>>> **si** $nombre(c) = max(nombre(c))_{c \in C(concept\_trouv)}$ **alors**
>>>> **retourner** $[c]$;

fin

Algorithm 3: *Classification de x : cas ou M ne comprend pas les attributs de classes*

Nom : exploration_du_treillis_1

Données: G : ensemble des objets ;

M : ensemble des attributs ;

Le contexte formel $C = (G, M, R)$;

Classes = $\{c(g)$ t.q. $g \in G\}$: ensemble des classes des objets de G ;

Le treillis de concept : $\beta(C)$, les relation $\leq$ et la relation de couverture $\prec$ entre les concepts ;

x : objet à classer défini par l'ensemble des ses attributs binaires $att(x)$;

Variables :

concept_origine, concept_destination, concept_atteint : concept ;

attributs_disponibles : ensemble d'attributs ; b : attribut ;

concept_destination_trouvé, classe_trouvé : booléen ;

Résultat: une classe de l'ensemble *Classes* ou rien

début

concept_origine = $(G, att(G))$ // *att(G) étant l'ensemble des attributs communs aux objets de G;*

attributs_disponible = $att(x)$; concept_destination_trouvé = vrai ;

classe_trouvé = faux ;

tant que *concept_destination_trouvé=vrai* && *attributs_disponibles* $\neq \emptyset$ && *classe_trouvé=faux* **faire**

  concept_destination_trouvé = faux ;

  pour chaque (A, B) *t.q. concept_origine* $\prec (A, B)$ **faire**

   si $\exists b \in$ *attributs_disponibles t.q.* $b \in B$ **alors**

    concept_destination = (A, B) ;

    concept_destination_trouvé = vrai ;

    sortir de **pour chaque** ;

  attributs_disponibles = attributs_disponibles $- \{b\}$;

  concept_origine = concept_destination ;

  si $\exists c \in$ *Classes t.q.* $c \in$ *attributs(concept_destination)* **alors**

   classe_trouvé = vrai ;

   concept_atteint = concept_destination ;

   retourner [c];

concept_atteint = concept_destination ;

si *classe_trouvé=faux* **alors**

  retourner [pas de classe trouvé pour x];

fin

Algorithm 4: *Classification de x : cas où M comprend les attributs de classes*

158

Nom : `exploration_du_treillis_2`

Données: G : ensemble des objets ;

M : ensemble des attributs ;

Le contexte formel $C = (G, M, R)$;

Classes = $\{c(g)$ t.q. $g \in G\}$: ensemble des classes des objets de G ;

Le treillis de concept : $\beta(C)$, les relation $\leq$ et la relation de couverture $\prec$ entre les concepts ;

x : objet à classer défini par l'ensemble des ses attributs binaires $att(x)$;

Variables :

concept_origine, concept_destination, concept_atteint : concept ;

attributs_disponibles : ensemble d'attributs; b : attribut ;

concept_destination_trouvé : booléen ;

Résultat: une classe de l'ensemble *Classes*

début

    concept_origine = $(G, att(G))$;

    attributs_disponible = $att(x)$; concept_destination_trouvé = vrai ;

    tant que *concept_destination_trouvé=vrai* && *attributs_disponibles* $\neq \emptyset$ **faire**

        concept_destination_trouvé = faux ;

        pour chaque (A, B) *t.q.* concept_origine $\prec (A, B)$ **faire**

            si $\exists b \in$ *attributs_disponibles* t.q. $b \in B$ **alors**

                concept_destination = (A, B) ;

                concept_destination_trouvé = vrai ;

                sortir de **pour chaque** ;

        attributs_disponibles = attributs_disponibles $- \{b\}$;

        concept_origine = concept_destination ;

    concept_atteint = concept_destination ;

    si $C(concept\_atteint) = \{c_i\}$ **alors**

        retourner $[c_i]$;

    sinon

        pour chaque $c \in C(concept\_atteint)$ **faire**

            nombre(c)=0;

            pour chaque $obj \in objet(concept\_atteint)$ **faire**

                si $C(objet)=c$ **alors**

                    nombre(c) = nombre(c) + 1 ;

        pour chaque $c \in C(concept\_atteint)$ **faire**

            si $nombre(c) = max(nombre(c))_{c \in C(concept\_atteint)}$ **alors**

                retourner $[c]$;

fin

Algorithm 5: *Classification de x : cas où M ne comprend pas les attributs de classes*

Annexe B

Formes littéraires des contextes

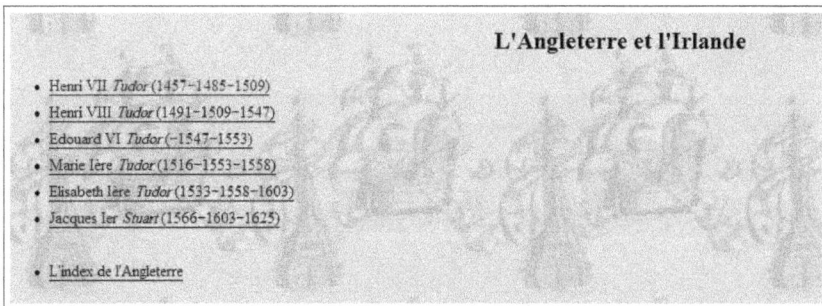

FIGURE B.1 – *Contexte de forme littéraire sommaire*

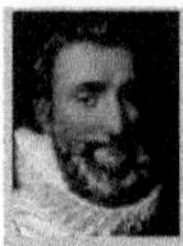

Henri IV

(Pau 1553–Paris 1610)

Roi de Navarre (1562–1610) et de France (1589–1610), premier roi de la dynastie Bourbons.

Une jeunesse au milieu des guerres de religions

Fils d'Antoine de Bourbon et de Jeanne d'Albret, il reçut en Navarre une éducation à la fois rude et libre. Il fit un premier passage à Paris entre 1561 et 1562 qui fut interrompu par la mort de son père. Intelligent, il fut aussi partagé toute sa vie entre l'ambition militaire et politique, et les plaisirs comme la chasse et la chaire. Peu enclin aux études, il rejoignit à 15 ans l'armée protestante au début de la troisième guerre de religion, en 1569. Il assista aux batailles de Jarnac et Montcontour au côté de son oncle Condé et de l'amiral de Coligny. Après ces défaites protestantes, le jeune prince alla guerroyer dans le Midi ; batailles modestes mais menées avec succès. La campagne prit fin avec la paix de Saint-Germain en 1570, et il retourna dans le Béarn.

Dans le cadre de la réconciliation des partis catholiques et protestants, Catherine de Médicis et sa mère organisèrent son mariage avec Marguerite de Valois. La réconciliation tourna court pendant les noces et s'acheva en bain de sang la nuit de la Saint-Barthélemy (24 août 1572). Tous les protestants furent massacrés sauf lui et le prince de Condé. Il ne dut son salut qu'à une conversion forcée : "la mort ou la messe" leur cria Charles IX en fureur en leur montrant un monceau de cadavres. Il fut ensuite retenu captif au Louvre et resta surveillé de près. Mais son caractère sociable lui permit de s'intégrer à la vie de la cour. Il se lia même d'amitié avec les Guise, s'abandonnant à tous les vices pratiqués à cette cour. Il toléra les désordres de sa femme, y répondant publiquement par les siens.

Entre 1572 et 1589, les guerres de religions et les périodes de paix se succédèrent, souvent rythmées par les moyens financiers des belligérants. En 1576, Henri de Navarre quitta secrètement la cour d'Henri III, abjura le catholicisme et partit reprendre la tête de ses troupes. La guerre dura toute l'année 1577 et se termina par la paix de Bergerac, défavorable aux Protestants. Elle reprit en 1579. Les Protestants reprirent plusieurs places fortes, dont Cahors. Elle se termina dans la lassitude en 1580.

FIGURE B.2 – *Contexte de forme littéraire récit*

Il n'y avait plus qu'à marcher (Texte pour Jean Garcia)

Conception: 1960.
Publication: Cognac: Le Temps qu'il fait, 1989.

Réimpression, avec un découpage typographique abusif, d'une chronique journalistique en prose parue dans *Le Provençal-Dimanche* du 25 décembre 1960. Le titre n'est pas de Giono. (Pierre Citron In Jean Giono. *Journal. Poèmes. Essais.* Gallimard, coll. La Pléiade, 1995. p. 1307, note 1)

Le petit garcon qui avait envie d'espace

Publication: Paris: Gallimard, coll. Folio cadet rouge: 317, 1995.

Dans l'odeur des collines. De l'Olympe à Manosque

Publication: Paris: Editions alternatives, 1998

Ce volume, illustré de calligraphies de Roger Druet, propose des poèmes de jeunesse parus dans ***Accompagné de la flûte*** et dans la revue *La Criée* dans les années 20, ainsi que trois textes plus récents: *Préambule pour Accompagné de la flûte* (1959), *Routes et chemins* (1962) et *Manosque* (1957).

FIGURE B.3 – *Trois contextes de forme littéraire note(séparés par des lignes)*

Trois jours avec Antoine Vitez

organisés au Conservatoire National d'Art Dramatique les 22, 23 et 24 juin 2000

Vendredi 13 juin

Portrait du poète en pédagogue
'Ecole est le plus beau théâtre du monde

FIGURE B.4 – *Contextes de forme littéraire illustration*

Consignes pour le travail

1. Monsieur Cartier, pour des raisons de mise en page, n'accepte que des textes qui comprennent de 500 à 750 mots.
2. Le texte doit être écrit en Times New Roman et la taille de la police doit être 12.
3. Le texte est écrit en interligne 1,5 et justifié.
4. Le titre en gras, souligné, taille 16 et centré.
5. Comme tous les journalistes professionnels, vous devrez vous appuyer sur au moins trois sources (références) qui seront prises à l'intérieur d'au moins un article d'une revue, d'un magazine ou d'un journal (BiblioBranchée) ET celle d'un site Internet.
6. Tous les documents utilisés doivent être joints au travail.
7. N'oubliez pas d'écrire la référence bibliographique à la toute fin de votre texte, selon le 95543protocole de présentation.
8. Vous devrez faire un plan de votre texte afin de mieux structurer votre pensée et permettre une meilleure cohérence et compréhension de votre texte.
9. Vous devrez répondre aux exigences du texte journalistique (voir notes de cours, structure du reportage, texte modèle et site Internet).
10. Votre texte devra commencer par un titre, votre photo, une introduction, trois aspects , comprenant chacun deux preuves, des sous-titres (gras, italique, taille de la police 12), une conclusion et une bibliographie.
11. Le tout devra être présenté sur le logiciel Publisher.

FIGURE B.5 – *Contextes de forme littéraire liste*

163

Annexe C

Ontologie des biographies de personnages célèbres

Un extrait du code RDFS

```
<?xml version="1.0" encoding="UTF-8" ?>
 <rdf:RDF
    xmlns:rdf="http://www.w3.org/1999/02/22-rdf-syntax-ns#"
    xmlns:rdfs="http://www.w3.org/2000/01/rdf-schema#"
    xmlns:owl="http://www.w3.org/2002/07/owl#"
    xmlns:dc="http://purl.org/dc/elements/1.1/"
    >

 <owl:Ontology
   rdf:about="OntologieLH"
   dc:title="ontologie des liens hypertextes"/>

<rdfs:Class rdf:about="OntologieLH#_racine">
  <rdfs:label>_racine</rdfs:label>
</rdfs:Class>
<rdfs:Class rdf:about="OntologieLH#Evenement">
  <rdfs:label>Evenement</rdfs:label>
  <rdfs:subClassOf rdf:resource="OntologieLH#_racine"/>
</rdfs:Class>
<rdfs:Class rdf:about="OntologieLH#Biographie">
  <rdfs:label>Biographie</rdfs:label>
  <rdfs:subClassOf rdf:resource="OntologieLH#_racine"/>
</rdfs:Class>
```

```
<rdfs:Class rdf:about="OntologieLH#Lieu">
  <rdfs:label>Lieu</rdfs:label>
  <rdfs:subClassOf rdf:resource="OntologieLH#_racine"/>
</rdfs:Class>
<rdfs:Class rdf:about="OntologieLH#Mouvement">
  <rdfs:label>Mouvement</rdfs:label>
  <rdfs:subClassOf rdf:resource="OntologieLH#_racine"/>
</rdfs:Class>
<rdfs:Class rdf:about="OntologieLH#Oeuvre">
  <rdfs:label>Oeuvre</rdfs:label>
  <rdfs:subClassOf rdf:resource="OntologieLH#_racine"/>
</rdfs:Class>
<rdfs:Class rdf:about="OntologieLH#Personne">
  <rdfs:label>Personne</rdfs:label>
  <rdfs:subClassOf rdf:resource="OntologieLH#_racine"/>
</rdfs:Class>
<rdfs:Class rdf:about="OntologieLH#Qualite">
  <rdfs:label>Qualite</rdfs:label>
  <rdfs:subClassOf rdf:resource="OntologieLH#_racine"/>
</rdfs:Class>
<rdfs:Class rdf:about="OntologieLH#FormeContexte">
  <rdfs:label>FormeContexte</rdfs:label>
  <rdfs:subClassOf rdf:resource="OntologieLH#_racine"/>
</rdfs:Class>
<rdfs:Class rdf:about="OntologieLH#Evenement_cinematographique">
  <rdfs:label>Evenement_cinematographique</rdfs:label>
  <rdfs:subClassOf rdf:resource="OntologieLH#Evenement"/>
</rdfs:Class>
<rdfs:Class rdf:about="OntologieLH#Fondements du culturalisme">
  <rdfs:label>Fondements du culturalisme</rdfs:label>
  <rdfs:subClassOf rdf:resource="OntologieLH#Culturalisme"/>
</rdfs:Class>
  <rdfs:subClassOf rdf:resource="OntologieLH#Mouvement_sociale"/>
</rdfs:Class>


<rdf:Property rdf:about="OntologieLH#a écrit">
  <rdfs:isDefinedBy rdf:resource="OntologieLH#"/>
  <rdfs:label>a écrit</rdfs:label>
  <rdfs:range rdf:resource="OntologieLH#Ecrivain "/>
  <rdfs:domain rdf:resource="OntologieLH#oeuvre littéraire "/>
</rdf:Property>
<rdf:Property rdf:about="OntologieLH#a ete defendu par">
  <rdfs:isDefinedBy rdf:resource="OntologieLH#"/>
```

```
  <rdfs:label>a ete defendu par</rdfs:label>
  <rdfs:range rdf:resource="OntologieLH#Mouvement social "/>
  <rdfs:domain rdf:resource="OntologieLH#personne "/>
</rdf:Property>
<rdf:Property rdf:about="OntologieLH#a influencé">
  <rdfs:isDefinedBy rdf:resource="OntologieLH#"/>
  <rdfs:label>a influencé</rdfs:label>
  <rdfs:range rdf:resource="OntologieLH#Homme d'état "/>
  <rdfs:domain rdf:resource="OntologieLH#Evènement "/>
</rdf:Property>
<rdf:Property rdf:about="OntologieLH#a inspire">
  <rdfs:isDefinedBy rdf:resource="OntologieLH#"/>
  <rdfs:label>a inspire</rdfs:label>
  <rdfs:range rdf:resource="OntologieLH#Personne "/>
  <rdfs:domain rdf:resource="OntologieLH#oeuvre"/>
</rdf:Property>
<rdf:Property rdf:about="OntologieLH#est né à">
  <rdfs:isDefinedBy rdf:resource="OntologieLH#"/>
  <rdfs:label>est né à</rdfs:label>
  <rdfs:range rdf:resource="OntologieLH#personne"/>
  <rdfs:domain rdf:resource="OntologieLH#lieu"/>
</rdf:Property>
<rdf:Property rdf:about="OntologieLH#fait partie de">
  <rdfs:isDefinedBy rdf:resource="OntologieLH#"/>
  <rdfs:label>fait partie de</rdfs:label>
  <rdfs:range rdf:resource="OntologieLH#Personne "/>
  <rdfs:domain rdf:resource="OntologieLH#evenement"/>
</rdf:Property>
</rdf:RDF>
```

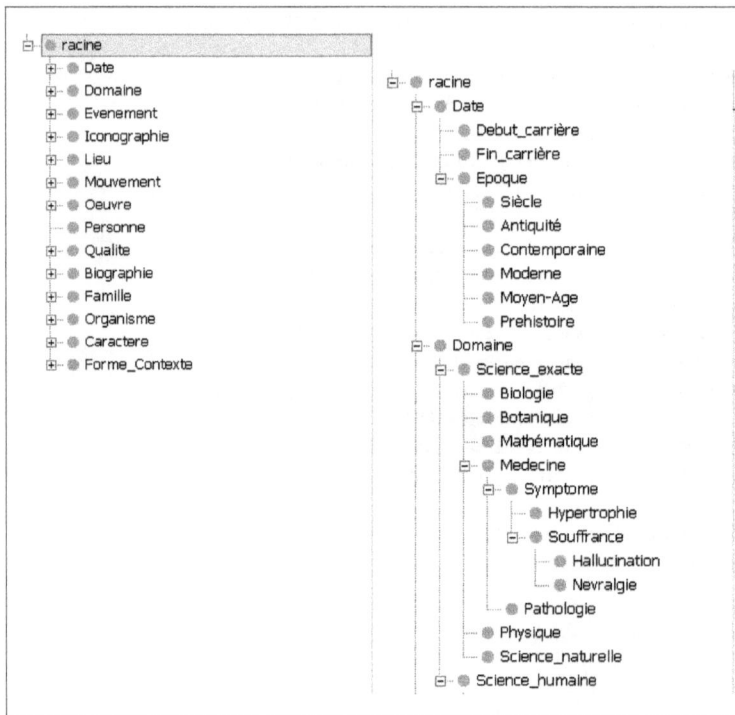

FIGURE C.1 – *Les concepts de haut niveau de la taxinomie des concepts (à gauche) et le début de la taxinomie des concepts (à droite)*

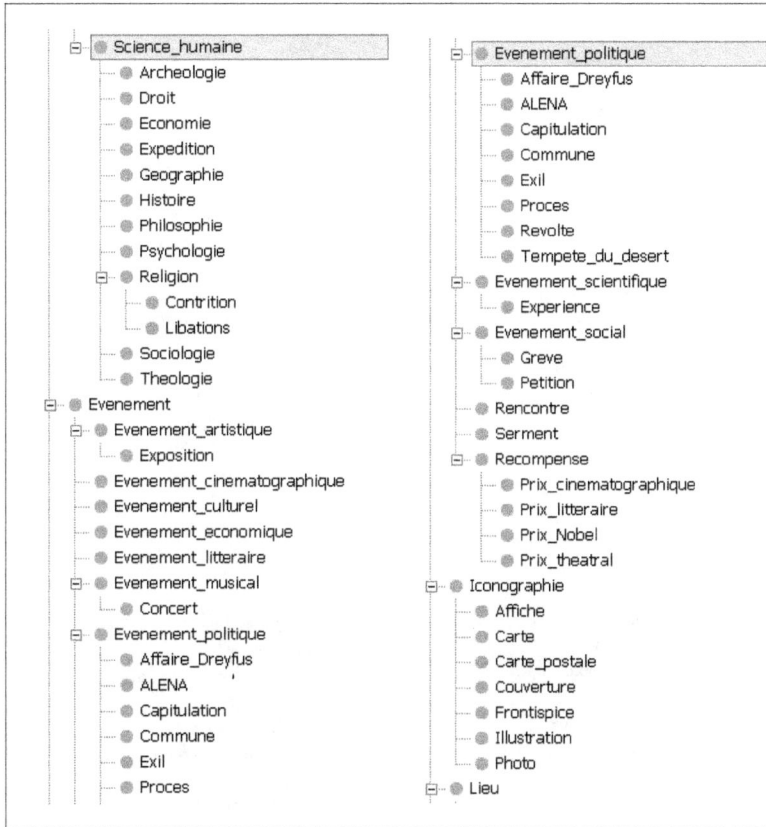

FIGURE C.2 – *Suite 1 de la taxinomie des concepts*

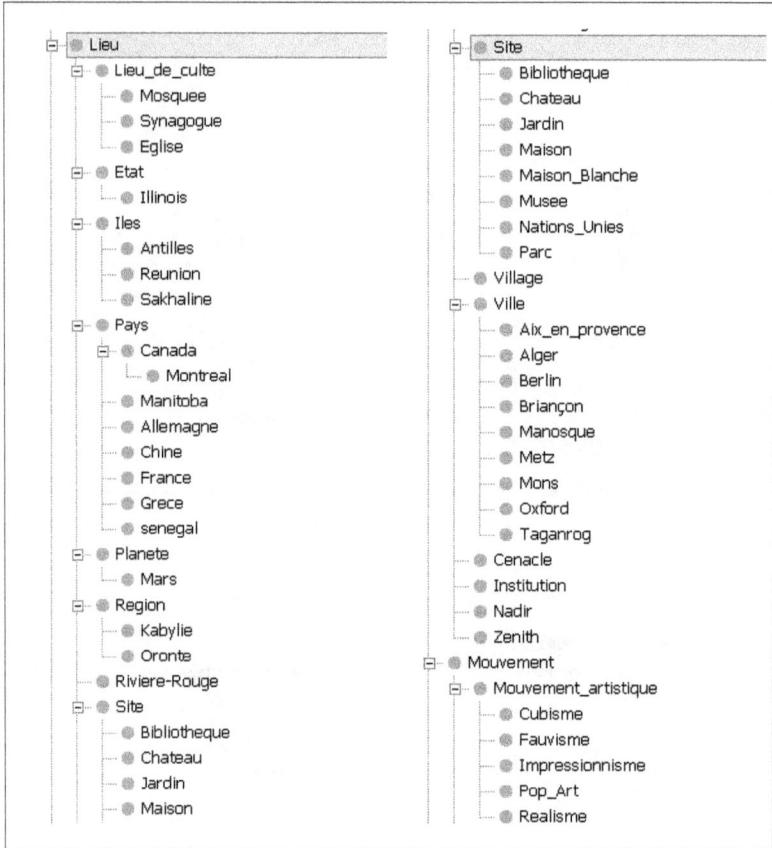

FIGURE C.3 – *Suite 2 de la taxinomie des concepts*

```
Mouvement                              Mouvement_philosophique
  Mouvement_artistique                   Agnosticisme
    Cubisme                              conceptualisme
    Fauvisme                             Existentialisme
    Impressionnisme                      logique
    Pop_Art                              Lumieres
    Realisme                             Mysticisme
  Mouvement_economique                   Nihilisme_et_fatalisme
    Keynesianisme                        Nominalisme
    Ricardisme                           Optimisme
    Socialisme                           Pessimisme
  Mouvement_litteraire                   Positivisme
    Naturalisme                          Rationalisme
    Parnasse                             Scepticisme
    Preciosite                           Semiotique.
    Romantisme                           Structuralisme
    Symbolisme                         Mouvement_politique
  Mouvement_musical                      Liberalisme
    Blues                                Communisme
    Country                              Gaullisme
    Jazz                                 Marxisme
    Pop                                Mouvement_religieux
    Rap                                  Bouddhisme
    Rock                                 Christianisme
    Soul                                   Catholicisme
    Techno                                 Orthodoxie
    Variete                                Protestantisme
  Mouvement_philosophique                Hindouisme
    Agnosticisme                         Islamisme
    conceptualisme                         Sophisme
    Existentialisme                        Chiisme
```

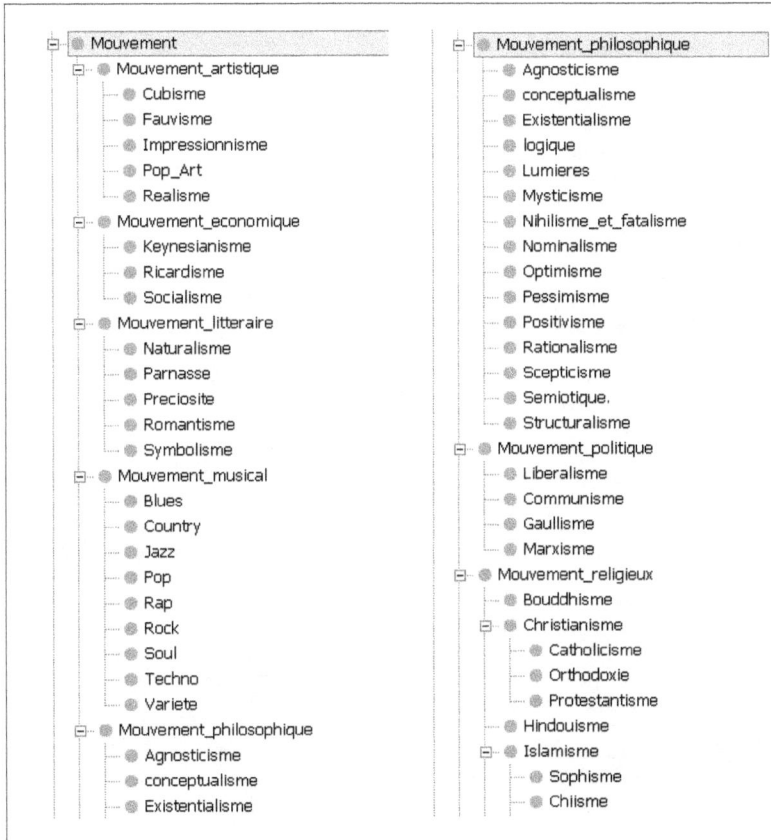

FIGURE C.4 – *Suite 3 de la taxinomie des concepts*

```
┌─────────────────────────────────────────┬──────────────────────────────────────────────┐
│  ⊟─ ● Islamisme                          │  ⊟─ ● Oeuvre_litteraire                        │
│      ── ● Sophisme                       │      ── ● Ballade                              │
│      ── ● Chiisme                        │      ── ● bande_dessinee                       │
│      ── ● Sunnisme                       │      ── ● Conte                                │
│      └─ ● Judaïsme                       │      ── ● Dictionnaire                         │
│  ⊟─ ● Mouvement_social                   │      ── ● Encyclopedie                         │
│      ⊟─ ● Culturalisme                   │      ── ● Nouvelle                             │
│          └─ ● fondements_du_culturalisme │      ── ● Oeuvre_theatrale                     │
│  ⊟─ ● Oeuvre                             │      ── ● pamphlet                             │
│      ── ● Machine                        │      ── ● Poème                                │
│      ⊟─ ● Oeuvre_artistique              │      ── ● Recit                                │
│          ── ● Architecture               │      └─ ● Roman                                │
│          ── ● Dessin                     │  ⊟─ ● Oeuvre_musicale                          │
│          ── ● Gravure                    │      ── ● Album_disque                         │
│          ── ● Lithographie               │      ── ● Chanson                              │
│          ── ● Peinture                   │      ── ● Opéra                                │
│          ── ● Photographie               │      └─ ● Symphonie                            │
│          └─ ● Sculpture                  │  ── ● Oeuvre_philosophique                     │
│      ⊟─ ● Oeuvre_cinematographique       │  ⊟─ ● Oeuvre_politique                         │
│          ── ● Documentaire               │      ── ● Oeuvre_politique_internationale      │
│          ── ● Film_fiction               │      ── ● Oeuvre_politique_nationale           │
│          └─ ● Reportage                  │      └─ ● Oeuvre_politique_europeenne          │
│      ⊟─ ● Oeuvre_economique              │  ⊟─ ● Oeuvre_scientifique                      │
│          └─ ● Oeuvre_economique_europeenne│      └─ ● Traite                              │
│      ⊟─ ● Oeuvre_litteraire              │  ── ● Livre                                    │
│          ── ● Ballade                    │  └─ ● Article                                  │
│          ── ● bande_dessinee             │  ── ● Personne                                 │
│          ── ● Conte                      │  ⊟─ ● Qualite                                  │
│          ── ● Dictionnaire               │      ── ● Chambellan                           │
│          ── ● Encyclopedie               │      ── ● Pelletiers                           │
│          ── ● Nouvelle                   │      ── ● Pilote                               │
└─────────────────────────────────────────┴──────────────────────────────────────────────┘
```

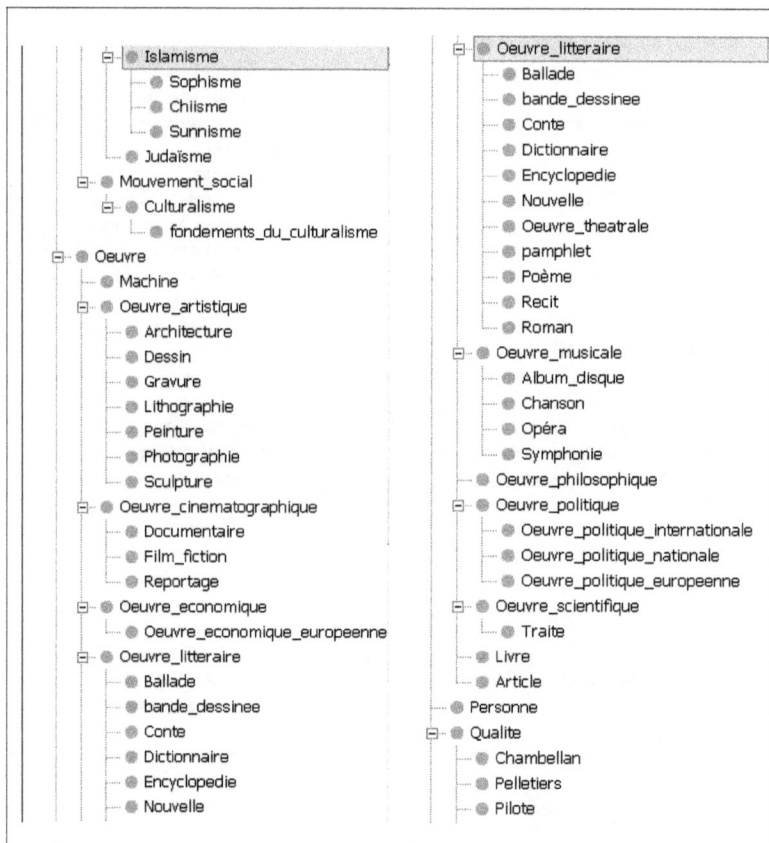

FIGURE C.5 – *Suite 4 de la taxinomie des concepts*

```
├─ ● Qualite                          ● Bibliothecaire
│   ├─ ● Chambellan                   ├─ ● Commentateur
│   ├─ ● Pelletiers                   ├─ ● Editeur
│   ├─ ● Pilote                       ├─ ● Enseignant
│   ├─ ● Precepteur                   ├─ ● Homme_d_Etat
│   ├─ ● Topographe                   │   ├─ ● Politicien
│   ├─ ● Scientifique                 │   ├─ ● President
│   │   ├─ ● Astronome                │   ├─ ● Prince
│   │   └─ ● Medecin                  │   └─ ● Roi_reine
│   ├─ ● Ingenieur                    ├─ ● Homme_de_loi
│   ├─ ● Journaliste                  │   ├─ ● Avocat
│   ├─ ● Resistant                    │   ├─ ● Juge
│   ├─ ● Artiste                      │   └─ ● Notaire
│   │   ├─ ● Chanteur                 ├─ ● Imprimeur
│   │   ├─ ● Cineaste                 ├─ ● Intellectuel
│   │   ├─ ● Comedien                 │   ├─ ● Critique
│   │   ├─ ● Dessinateur              │   ├─ ● Philosophe
│   │   ├─ ● Dramaturge               │   └─ ● Psychanalyste
│   │   ├─ ● Ecrivain                 ├─ ● Militaire
│   │   ├─ ● Musicien                 │   ├─ ● Amiral
│   │   ├─ ● Nouvelliste              │   ├─ ● commissaire
│   │   ├─ ● Parolier                 │   └─ ● General
│   │   ├─ ● Peintre                  ├─ ● Navigateur
│   │   ├─ ● Photographe              ├─ ● Personnage_de_fiction
│   │   ├─ ● Poete                    ├─ ● Religieux
│   │   ├─ ● producteur               │   ├─ ● Musulman
│   │   ├─ ● Realisateur              │   │   ├─ ● Kadi
│   │   ├─ ● Romancier                │   │   └─ ● Imam
│   │   └─ ● Sculpteur                │   ├─ ● Cretien
│   ├─ ● Aviateur                     │   │   ├─ ● Cure
│   └─ ● Bibliothecaire               │   │   └─ ● Archeveque
```

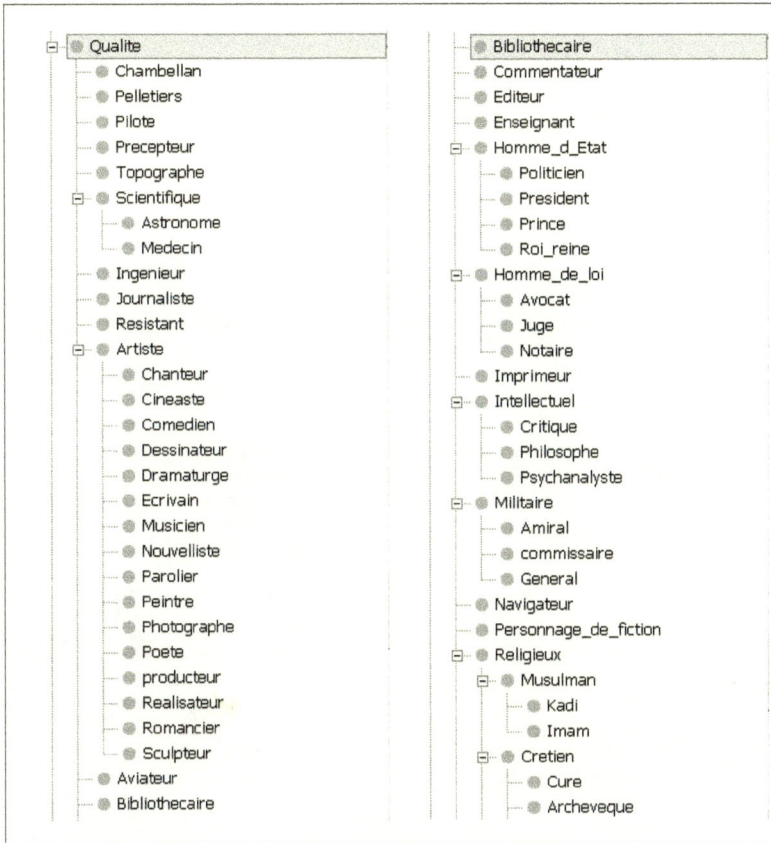

FIGURE C.6 – *Suite 5 de la taxinomie des concepts*

Chrétien
- Cure
- Archeveque
- Pape
- Pretre
Juif
- Rabin
Traducteur
Biographie
- Adolescence
- Enfance
- Vie
Famille
- Epouse
- Epoux
- Fille
- Fils
- Frere
- Mere
- Parents
- Pere
- Soeur
Organisme
- Conseil_de_tutelle
- Gouvernement
Caractere
- Amour
- Autodidacte
- Debauche
- Deliquescente

- Fils
- Frere
- Mere
- Parents
- Pere
- Soeur
Organisme
- Conseil_de_tutelle
- Gouvernement
Caractere
- Amour
- Autodidacte
- Debauche
- Deliquescente
- Merveilleux
- Mulatresse
- Munificent
- Objectif
- Temperance
- Terrifiant
- Xenophobie
Forme_Contexte
- Récit
- Citation
- Sommaire
- Liste
- Illustration_graphique
- Déscription
- Définition
- Détail
- note

FIGURE C.7 – *Suite 6 de la taxinomie des concepts*

174

Concept de l'ontologie	Relation	Concept de l'ontologie
Commentateur	a commenté	évènement
Personne	a connu	personne
Navigateur	a découvert	lieu
Scientifique	a détaillé	expérience
Ecrivain	a écrit	encyclopédie
Ecrivain	a écrit	oeuvre littéraire
Ecrivain	a écrit	oeuvre philosophique
Ecrivain	a écrit	oeuvre scientifique
Mouvement social	a ete defendu par	personne
Personne	a étudié	oeuvre philosophique
Personne	a fondé	mouvement
Politicien	a fréquenté	politicien
Ecrivain	a fréquenté	écrivain
Poète	a fréquenté	poète
Peintre	a fréquenté	écrivain
Homme d'état	a influencé	évènement
Personne	a inspire	oeuvre
Musicien	a joué	oeuvre musicale
Personne	a lu	oeuvre
Personne	a participé à	évènement politique
personne	a réalisé	oeuvre
Réalisateur	a retranscrit	roman
Traducteur	a traduit	roman
personne	a travaille à	lieu
Personne	a utilisée	machine
Personne	a vécu à	lieu
Personne	a voyagé	lieu
Personne	detaille	évènement
Oeuvre scientifique	donne accès à	récompense
Personne	est comparé à	personne
Évènement	est illustré par	photographie
Personne	est le maître	personne
Personne	est l'élève de	personne
Personne	est né	lieu
Mouvement politique	est représenté par	personne
Evènement politique	explique	évènement social
Personne	fait partie de	évènement
Personne	s'est apparente à	personne
Ecrivain	s'est inspiré de	socialisme
Personne	s'est oppose à	personne

TABLE C.1 – *Relations non taxinomiques entre les concepts de l'ontologie*

175

www.ingramcontent.com/pod-product-compliance
Lightning Source LLC
Chambersburg PA
CBHW021050210326
41598CB00016B/1153